Inhalt

Vorwort zur Neuausgabe

Es war ein Experiment: Interessieren sich Menschen für die vergessenen Orte Berlins? Kauft jemand ein Buch, das Stätten zeigt, die alles andere als schön im landläufigen Sinne sind? Ein Buch, das den Verfall dokumentiert, die Leere, die Zerstörung?

Der Erfolg des Experiments überwältigte uns alle, und deshalb erleben die Berliner »Geisterstätten« nun, vier Jahre nach ihrem ersten Erscheinen, bereits eine Neuausgabe. Mittlerweile haben sie sogar Geschwister bekommen: die 2013 und 2014 ebenfalls im Jaron Verlag veröffentlichten Geisterstätten-Bände über Dresden und Leipzig.

Die Geisterstätten-Serie ist das Ergebnis einer Spurensuche, die 2007 begann: Damals stieß mein Sohn Adrian im Internet auf Fotos der Beelitzer Heilstätten. Die Bilder riefen bei mir eine Mischung aus Faszination und Fassungslosigkeit hervor. Faszination über die Vorstellung, dass dort eine ganze kleine Stadt verlassen vor sich hin modert und nur darauf wartet, besichtigt und fotografiert zu werden. Fassungslosigkeit über die Tatsache, dass hier ein faszinierendes Stück Architekturgeschichte dem Verfall ausgeliefert ist. Unser erster Besuch in Beelitz war der erste von vielen Ausflügen in die Ruinen der jüngsten Vergangenheit.

Unsere Ausflüge führten uns zu Orten fernab von restaurierten Gebäuden, von Denkmalen und Museen. Sie führten über niedergedrückte Zäune, zugewachsene Grundstücke und durch offen gelassene Türen. Sie führten uns in Gebäude, die seit Jahren keine Aufgabe mehr haben. Sie führten in leere Hallen und verlassene Räume, in dunkle Keller und auf zugige Dachböden, über morsche Böden und rostige Treppen.

Meist war es der historische Umbruch der Jahre 1989/90, der den Gebäuden ihre Bedeutung nahm. Das Ende der DDR beraubte ganze Industriezweige ihrer Grundlage und ließ ganze Armeen verschwinden. Geblieben sind Ruinen, die auf unterschiedliche Weise von der spannenden Geschichte Berlins und seiner Umgebung erzählen.

Wo einst Menschen lebten, arbeiteten und ihre Freizeit verbrachten, herrschen jetzt Ruhe und Verfall. Die Natur holt sich die Räume zurück. Gebäude, die nach den Vorstellungen ihrer Erbauer für die Ewigkeit errichtet wurden, verrotten.

Gerade dadurch wird die Spurensuche aber nicht nur zu einer historischen, sondern auch zu einer ästhetischen Entdeckungsreise. Denn die Zerstörung schafft immer auch Neues: Rost, abblätternde Farbe, moderndes Holz oder frisches Grün in einst geschlossenen Räumen lassen eine ebenso zufällige wie vergängliche Schönheit des Verfalls entstehen. Man muss nur Augen für diese Schönheit haben. Die haben auch die Fotografen, die mich unterstützten: mein Sohn Adrian Specht, Babett Köhler und Stefan Beste.

Dieses Buch führt die Leserinnen und Leser zu 14 vergessenen Orten in Berlin und Umgebung. Es nimmt sie unter anderem mit in die Heilstätten von Hohenlychen und Beelitz, auf den Teufelsberg oder in die Kasernen von Krampnitz, Jüterbog und Sperenberg, es begleitet sie in die verlassene Irakische Botschaft in Pankow und in das aufgegebene Freizeitbad Blub.

Für die Neuauflage wurden die Texte überarbeitet und mehrere Kapitel ganz ausgewechselt. Denn einige der Orte, die noch vor kurzem zu spannenden Ruinenbesuchen einluden, sind heute bereits verschwunden. Auch viele der Fotos wurden durch aktuelle ersetzt. Allerdings habe ich in einigen Fällen bewusst die früheren Bilder beibehalten, weil Graffiti oder Zerstörungen neueren Datums den ästhetischen Genuss eher beeinträchtigen würden.

Die Bücher der Geisterstätten-Serie verstehen sich als Momentaufnahmen des Verfalls, als Dokumentation vieler kleiner Geschichten, die immer auch ein Teil der »großen Geschichte« waren. Ein Reiseführer will »Geisterstätten Berlin« trotzdem nicht sein. Es verzichtet im Gegensatz zu anderen Veröffentlichungen auf konkrete Wegbeschreibungen. Denn zum einen ist der Besuch vieler der vergessenen Orte nicht ungefährlich – Jahrzehnte des Verfalls machen ein Gebäude nicht stabiler. Und zum anderen leben diese Orte auch von der Ruhe und der Einsamkeit. Sie sind stille Oasen in einer wachsenden Metropole, die vermutlich schon bald keinen Platz mehr für sie haben wird.

Arno Specht, im Sommer 2014

Der Zauberberg für das Proletariat

Beelitz Heilstätten

Vergessene Orte sind meist auch verschwundene Orte. Erst verschwinden sie aus dem Alltag, dann aus Adress- und Telefonbüchern. Bald von Landkarten und Stadtplänen und irgendwann auch von Wegweisern. Denn dort, wo es nichts mehr gibt, will auch niemand mehr hin – und es gibt auch niemanden mehr, der Wert darauf legt, gefunden zu werden. Mit den Gebäuden verfällt auch ihr Platz im Bewusstsein. Meistens – aber nicht immer. Denn südwestlich von Berlin hat der Verfall sogar seine eigene Autobahnausfahrt. Wer sich auf der A9 aus Richtung Leipzig nähert, kann den verlorenen Ort nicht verfehlen – kurz vor Dreieck Potsdam steht sein Name meterhoch auf der Schilderbrücke, weiß auf blau, nachts wird er beleuchtet: »Beelitz Heilstätten«. Schon wenige hundert

Geisterschloss: Das Küchengebäude der ehemaligen Heilstätten

Meter nach der Autobahnabfahrt wird die Straße schmal und holprig. Hinter Nadelwäldern tauchen bemooste Backsteinbauten mit leeren Fensterhöhlen auf. Man befindet sich inmitten einer Ruinenlandschaft.

Durch offen stehende Türen betritt man eine andere Welt: lange Gänge, eingeschlagene Fenster, Farbe, die von der Decke bröselt. Wenn verlas-

Lange Gänge, stille Treppen: Die letzten Patienten gingen 1994

sene Gebäude ihre eigene Aura haben – in verlassenen Krankenhäusern potenziert sie sich. Zum Geruch von Moder kommt der Gedanke an Krankheit und Verwesung. Wie viele Menschen erlitten in diesen Räumen Schmerzen? Wie viele sind in diesem sterbenden Haus selbst gestorben?

Mit diesen Assoziationen hätten die Bauherren freilich wenig anzufangen gewusst. Denn als die Beelitzer Heilstätten ab 1898 entstanden, waren sie ein ehrgeiziges und vor allem sozial vorbildliches Projekt der Berliner Rentenversicherer. Mit direktem Eisenbahnanschluss an die expandierende Reichshauptstadt entstand eine mustergültig ausgestattete Klinik zur Heilung von Lungentuberkulose – einer Krankheit der Armen, wohlgemerkt. Denn vor allem in den engen Hinterhöfen und feuchten Arbeiterwohnungen grassierte die Tuberkulose. Und obwohl die Zielgruppe nicht zu den Besserverdienenden gehörte, wurde beim Bau der Heilstätten an nichts gespart. Schon bei der Wahl des Architekten setzte man auf Renommee: Beauftragt wurde Heino Schmieden, Kompagnon von Martin Gropius und Baumeister der Berliner Charité. Und entsprechend plante Schmieden auch: große Zimmer, Balkone, Terrassen, Loggien und Wandelgänge – alles reich verziert im Stil des Wilhelminismus. Drei weitere Bauphasen spiegeln die Architekturgeschichte des frühen 20. Jahrhunderts wider: 1905 bis 1908 zog der Jugendstil in Beelitz ein, beim nächsten Bauabschnitt ab 1926 nahmen die Architekten Anleihen beim Expressionismus. Und 1942 ergänzte Egon Eiermann den Komplex um einige Pavillons, die überraschend modern wirken für die NS-Zeit. Über sechzig Gebäude wurden in den Kiefernwald gesetzt – eine Stadt für sich, mit Metzgerei, Bäckerei, Großwäscherei, Gärtnerei und Heizkraftwerk. Vor den Toren der Hauptstadt wuchs Stück für Stück ein Zauberberg für das Proletariat vom Wedding und aus Moabit. Aber sauber getrennt wurde auch hier – wenn auch nicht nach sozialen Schichten. Denn in Beelitz gab es vier Quartiere: für ansteckende und nicht ansteckende Krankheiten, für Männer und für Frauen. Und auch das Personal sollte vor Begegnungen bewahrt werden, die die Sittlichkeit gestört hätten. Darum stehen die Küche und die Wäscherei im Frauenbereich, das Heizhaus im Männerquartier.

Hospital mit Dachterrasse: Die Chirurgie

Heute ist der Zauberberg ein Geisterschloss. Durch zerschlagene Buntglasfenster dringt helles Sonnenlicht. Der floral geformte Stuck der Kapitelle folgt den Gesetzen der Schwerkraft. Aus geschnitzten Dacheinfassungen wächst Gras. Unter löchrigen Ziegeln sprießt Farn auf Dachbodendielen. Nach zwanzig Jahren Leerstand kann die Natur deutlich sichtbare Erfolge verzeichnen. Und im Gestrüpp des wild wuchernden Waldes tauchen die Reste eines Klinikteils auf, der schon im Zweiten Weltkrieg zerbombt wurde. Das Treppenhaus trägt bis heute den Ruß der Kriegsnacht. Im Gang rostet ein stählernes Krankenbett, ein Artefakt wie aus den Tiefen der »Titanic«. Seit 1944 wuchern Gras und Bäume über diesen Trakt –

vielleicht als Strafe dafür, dass nach dem Ersten Weltkrieg der verwundete
Gefreite Adolf H. in Beelitz gesund gepflegt wurde? Zumindest in diesem
Fall hätten schlechtere Beelitzer Ärzte der Menschheit viel erspart …

Doch die Zeiten von Krieg und Militär sind Geschichte, und wer heute
nach Beelitz kommt, musste sich bis vor kurzem an keine Besuchszeiten
halten. Keine Schwester, kein Pfleger und kein Oberarzt verstellen den
Weg. Die Heilstätten sind zur heimlichen Touristenattraktion geworden,
und zur Saison gibt's am Rande der Ruinenstadt sogar einen eigenen
Verkaufsstand für die zweite Beelitzer Berühmtheit: frischen Spargel.
Wer durch Beelitz zieht, unterscheidet nicht mehr zwischen Lungen-Tb
und anderen Gebrechen, sondern zwischen Nikon und Canon – das tod-
kranke Krankenhaus wurde zum Freilichtmuseum der Fotografen. Damen in Lack und Latex posierten zwischen Säulen, Geländern und OP-Tischen – die morbide Atmosphäre inspirierte. Liebe, Sex und Tod lagen schon immer nah beieinander. Doch aus dem Spiel mit dem Tod wurde plötzlich Ernst: Ein Amateurmodel kam nach einem Fotoshooting zu Tode. Eine nächtliche Geisterparty endete mit einem Absturz im Treppenhaus. Auch hier konnte kein Arzt mehr helfen. Im Krankenhaus wurde wieder gestorben – bis der Besitzer das Gelände zum Sperrgebiet erklärte und einen Wachdienst engagierte.

Erinnert an die Nutzer: Ehrenmal im Hof

Wer in den Jahren davor genauer hinsah, fand auch andere Spuren. An
der Wand kleben Reste der alten Untertapeten, die an die Menschen, die
das Krankenhaus nach 1945 nutzten, erinnern: eine Ausgabe der »Prawda«
aus den frühen 1980ern. Reste einer kyrillischen Leuchtschrift liegen zer-

Vorige Doppelseite: Statt Sterilität findet man im OP-Saal bunte Graffiti
Rechte Seite: Zahnarztstuhl und stuckverzierter Haupteingang

Buntes Überbleibsel: Reste des Wandschmucks im Badhaus

brochen auf den Stufen im Treppenhaus. Und auf eine Tür des Aufzuges ist mit einer unscharfen Schablone eine »Drei« in kyrillischen Buchstaben über das deutsche »2. Stck.« gemalt. Denn wie den Amerikanern ist den Russen die deutsche Eigenart des nicht mitgezählten Erdgeschosses fremd. Wenigstens hierin waren sich die Gegner im Kalten Krieg einig.

Nach dessen Ende blieben die Russen noch ein paar Jahre. Bis 1994, als das größte sowjetische Militärhospital außerhalb der Sowjetunion aufgegeben wurde. Auch der letzte prominente Patient war damals schon längst ausgezogen: Der krebskranke Erich Honecker entzog sich 1991 im damals unter sowjetischer Regie stehenden Beelitz der Strafverfolgung durch die Justiz des wiedervereinigten Deutschlands – bis er nach Moskau ausgeflogen wurde.

Schon bald lockte das Areal Investoren an, die Teile sanierten. In einem der großen Jugendstilgebäude wird heute wieder therapiert. Die Stadt Beelitz träumte von einem Gesundheitspark in Hauptstadtnähe und legte einen ehrgeizigen Bebauungsplan auf. Doch auf den kurzen Boom folgte die Pleite. Die Sanierer gingen, die Hoffnungen schwanden. Was blieb, sind die Ruinen. Und die Autobahnausfahrt.

Das Ohr der Kalten Krieger

American Field Station Teufelsberg

Es ist ein Klang, der den Kopf dröhnen lässt. Der Schritt eines Turnschuhs auf kahlem Beton – er klingt wie der Tritt eines Sauriers. Ein Räuspern in der trockenen Luft – das Husten eines Riesen. Das Klicken einer Kamera – als ob sich gleich eine monströse Maschine in Bewegung setzt. Es ist der Sound des Kalten Kriegs. Es ist der Sound des Teufelsbergs.

Hunderte von weißen Dreiecken bilden eine Kuppel. Und keine zwei Dreiecke sind identisch. Es wirkt wie das Ergebnis einer geometrischen Fleißarbeit: Unzählige Varianten dieser geometrischen Grundform sind zu zeichnen. Vorgabe: Kein gleichschenkliges, kein gleichseitiges und schon gar kein rechtwinkliges Dreieck darf dabei sein. Der Satz des Pythagoras ist außer Kraft gesetzt.

Golfball XXL: Radom des US-Horchpostens

Denn dort, 114,7 Meter über dem Meeresspiegel, galt über Jahrzehnte ein anderes Gesetz: Hören, ohne gehört zu werden. Und die fünf gigantischen Kuppeln waren Teil des Systems. Eines Systems, mit dem die National Security Agency (NSA) nach offizieller Lesart den Luftraum in Richtung Osten überwachte.

Beim Luftraum blieb es natürlich nicht. Zwar richtete sich das Augenmerk der NSA-Experten damals noch nicht auf das Handy einer deutschen Kanzlerin, gründliche Blicke auf das Treiben der Deutschen in Ost und West warf die NSA dennoch. Der Gegenseite entging das natürlich nicht. Und so wurde der Teufelsberg zum Ort zahlreicher höchst realer

Blick über Berlin: Aus den Hallen sollten Apartments werden

Spionage-Geschichten, wie sie sonst nur Kriminalschriftsteller ersinnen. Zum Beispiel der Geschichte vom türkischen Automechaniker, der die Chevys und Oldsmobiles der Amerikaner wartete, nebenher aber auch fotokopierte Dokumente in einer präparierten Sporttasche zur Stasi transportierte.

Die Öffentlichkeit erfuhr von alledem erst sehr viel später. Denn als die NSA vom Teufelsberg aus spionierte, gab es noch kein Wikileaks. Und als die USA ihren Horchposten 1992 aufgaben, war der Whistleblower Edward Snowden gerade mal neun Jahre alt. Seither blicken vom Teufelsberg aus nur noch Ruinenbesucher auf Berlin. Ein steiler Weg durch dunkle Treppenhäuser führt nach oben. Vom Flachdach der Betonbauten aus kann man das Panorama genießen.

Der prächtige Blick ist das unfreiwillige Ergebnis eines ganz anderen Projekts: Denn dort, wo während des Kalten Kriegs die NSA spionierte, plante einige Jahrzehnte zuvor der NS-Architekt Hans Malwitz die Wehrtechnische Fakultät. Eine Kaderschmiede für die künftige Elite der Wehrmacht sollte es werden. In Albert Speers »Germania«-Plänen hatte sie ihren festen Platz. Hitler persönlich legte 1937 den Grundstein. Die ersten Rohbauten standen bereits, als die vermeintliche Welthauptstadt im Bombenhagel versank.

Etwas später war der Bauruine im Grunewald das gleiche Schicksal beschieden wie Speers Reichskanzlei an der Wilhelmstraße: Sie wurde eingeebnet. Und der Geist der Teufel sollte niemals wiedererstehen. Deshalb wurden über den Resten der Militärhochschule die Trümmer der zerbombten Reichshauptstadt aufgehäuft: Aus Millionen Kubikmetern Schutt wurde der Teufelsberg. Alles in allem ragt er knapp 120 Meter über den Meeresspiegel. Eine für Berliner Verhältnisse bemerkenswerte topografische Dimension.

An der höchsten Stelle triumphiert nun der Verfall: Die Dreiecke der Kuppeln sind zerrissen. Graffiti zerschneiden den weißen Grund. Ein stählerner Türrahmen steht allein und surreal zwischen den Golfbällen im XXL-Format. Und was von weitem so ätherisch-außerirdisch wirkt, entpuppt sich aus der Nähe als Kunststofffolie auf Pressspan. Die Kulissen eines Low-Budget-Remakes von Raumschiff Enterprise könnten nicht schäbiger wirken – mehr Ed Wood als 007. In der Mitte der Kuppeln steht auch kein Laser, der James Bond an seiner besten Stelle zu zerteilen droht, sondern ein bröckelnder Betonsockel. Statt Hightech aus der frühen IBM-Ära rascheln Alu-Grillschalen im Wind – Spuren illegaler Partys am geheimnisvollen Ort. In den Hallen unter den Kuppeln sind die Böden aufgerissen. Hier flimmern keine Monitore mehr

Lack auf Ytong: Reste der Musterwohnung

im grün-schwarzen Design der 1980er Jahre. Dafür freuen sich Recycling-Experten aus Osteuropa über Kilometer an Kupferdraht, die der Ex-Klassenfeind am Teufelsberg zurückließ.

Zu den Kupferdieben kamen die Vandalen. Die machten auch vor einem gescheiterten Traum der 1990er Jahre nicht halt. Appartements mit

unverbaubarem Blick im gediegenen Bezirk Charlottenburg-Wilmersdorf wollte ein Investor dort anbieten – ein Renditeobjekt der Extraklasse. Mit viel Sinn für Geschmack wurden auch schon edle Parkettböden und stilvolle Badezimmerfliesen verlegt. Doch aus der Musterwohnung wurde ein Muster ohne Wert. Erst kamen Behördenprobleme, Baustopp und Insolvenz, dann die ungebetenen Besucher. Im Internet präsentierten sie stolz ihr Zerstörungswerk, warfen vor laufender Kamera Badewannen und Waschbecken in die Tiefe und gaben dem Youtube-Clip auch noch einen trendigen Namen, der Maßstäbe für eine neue Sportart setzen könnte: »Extreme Garbage Throwing«, Müllweitwurf.

Nacht über Berlin: Blick vom Teufelsberg

Während die Gebäude immer stärker zerfallen, wird die Forderung nach Denkmalschutz lauter. Schließlich seien die Gebäude wichtige Zeugnisse der Berliner Nachkriegsgeschichte. NSA-Veteranen sammelten Geld für eine Gedenktafel. Unterdessen rücken immer wieder Kamerateams an: Ob „Tatort" oder Vampir-Thriller – der Drehort ist multifunktional.

Seither herrscht wieder Ruhe auf dem Teufelsberg. Ein Ort der Geheimnisse und Mythen ist er geblieben. Die immer noch tief unter den Trümmern erhaltenen Bunkerreste der Wehrtechnischen Fakultät beflügeln die Phantasie von Schatzsuchern. Liegen hier möglicherweise Reste des Bernsteinzimmers? Oder Hitlers echte Tagebücher? Vielleicht war es ja der Geist des Ortes, der den Regisseur David Lynch zu dem Plan beflügelte, hier eine Universität für transzendentale Meditation einzurichten. Doch auch dieses Projekt versank wieder in der Tiefe. Es hallt höchstens in der Erinnerung noch nach. Wie jeder Schritt. Jedes Räuspern. Und jeder Kameraklick unter den Kuppeln des Teufelsbergs.

Vorige Doppelseite: Von den Hightech-Geräten blieben nur die Betonsockel

Das Domizil der Dampflokomotiven

Rundlokschuppen in Pankow

Wie klingt die Großstadt? Da fallen einem zunächst die Geräusche der S-Bahn ein: das Rumpeln der Räder, das zischende Schließen der Türen, die Durchsage »Zurückbleiben bitte«. Und natürlich das Signal kurz vor der Abfahrt, die leicht heisere, elektronisch verzerrte Terz, das »Düüü – düüü – düüü«. Der Klang von Hektik und Betriebsamkeit. Aber hier, nur ein paar Meter von den Gleisen der S-Bahn-Linien 2 und 8 entfernt, ist man in einer anderen Welt. In der untergegangenen Welt der Dampfloks. Einer Welt, in der noch das Fauchen der Kessel den Ton angab.

Die Dampfloks sind verstummt, verschwunden, verschrottet. Geblieben ist nur ihr Geruch. Der Duft des Öls, das einst die Kolben und Zylinder am Laufen hielt. Und der Ruß, der noch an den Balken klebt.

Zeuge des späten 19. Jahrhunderts: Pankower Lokschuppen

Einer der letzten seiner Art: Rundlokschuppen mit 24 Stellplätzen

Wir stehen in einem imposanten Tempel der Technik, in dem einst die Maschinen untergestellt wurden, die seit dem 19. Jahrhundert die Lebensadern der wachsenden Großstadt pulsieren ließen.

Eine private Linie verband Berlin ab 1842 über Bernau, Eberswalde und Angermünde mit der Ostsee. Ausgangspunkt war der Stettiner Bahnhof, der später, nach Zerstörungen im Zweiten Weltkrieg und der Teilung Berlins, zur unscheinbaren S-Bahn-Station Nordbahnhof degradiert wurde. 1880 übernahmen die Preußischen Staatseisenbahnen die Stettiner Bahn, und im selben Jahr bekam auch die erste größere Siedlung nahe der Hauptstadt einen eigenen Zughalt: das damals noch eigenständige Dorf Pankow. Einige Jahre später wurden die dortigen Bahnanlagen um einen großen Rangier- und Güterbahnhof erweitert. Und direkt neben den Gleisen der alten Stettiner Bahn entstand 1893 das markanteste Gebäude des Ensembles: eine mächtige Rotunde aus Backstein, die von einem durchgehenden Lichtband und einer Kuppel gekrönt wird.

Der Pankower Rundlokschuppen war der letzte seiner Art, der in Deutschland gebaut wurde: ein vollständiger Kreis, komplett überdacht

und geschlossen, mit einer mechanisch betriebenen Drehscheibe in der Mitte. Auf ihr wurden die Lokomotiven zu den 24 sternförmig angeordneten Stellplätzen bewegt. Später baute man sogenannte Ringlokschuppen: halbrunde Bauten mit einer Drehscheibe, die sich außerhalb des Gebäudes, unter freiem Himmel, befindet und meist deutlich größer ist. Da die Dampflokomotiven immer länger wurden, reichten die relativ kleinen Drehscheiben in den komplett überdachten Rundlokschuppen oft nicht mehr aus. Schon im frühen 20. Jahrhundert wurden daher viele von ihnen aufgegeben und abgerissen. Das Pankower Rundhaus ist eines von zweien, die es überhaupt noch in Deutschland gibt. Das zweite steht ebenfalls in Berlin: auf dem Gelände des Betriebsbahnhofs Rummelsburg.

Kreisrund: Decke des Industriedenkmals

Dass man es hier mit einer architekturgeschichtlichen Besonderheit zu tun hat, sieht der Laie freilich nicht. Denn auf eine denkmalgerechte Sanierung wartet der Lokschuppen vergebens – seit 1997, als die Bahn AG den Rangierbahnhof aufgab. Seither verfällt die Anlage. Das hölzerne Dach der Kuppel ist morsch. Die Fenster des oberen Lichtbands sind zerschlagen oder bunt besprüht. Das farbig getönte Licht verleiht dem Saal eine fast schon sakrale Atmosphäre – und gibt Anlass zu Grübeleien, warum sich Menschen auf der Suche nach dem optimalen Platz für ihre Graffiti-Tags regelmäßig in Lebensgefahr begeben.

Die Drehscheibe ist fast komplett unter Spanplatten versteckt. Das erinnert an die Zeiten, in denen der Rundlokschuppen wiederholt als Party-Location genutzt wurde. Die »Fantastischen Vier« spielten hier 1998 vor ausverkauftem Haus. Mittlerweile wird auf dem Gelände nur noch illegal gefeiert. Auf den Dächern der Nebengebäude lassen Jugend-

liche die Wasserpfeife kreisen, und in einer ehemaligen Garage stehen die ausgebrannten Reste einer Luxuslimousine – silbern besprüht und signiert. Bizarre Kunstaktion oder schlicht ein gestohlenes Auto? Für eine Brache ist das Gebiet reichlich belebt und erfreut sich als gigantischer Abenteuerspielplatz großer Beliebtheit.

Eines der Highlights: der zweite, später errichtete Lokschuppen, mit einer Drehscheibe unter freiem Himmel. Hier kann man erleben, wie solide alte Technik sein kann, die noch ganz ohne Elektrik und erst recht Elektronik auskommt. Mit der Kurbel lässt sich der gigantische Teller aus Stahl problemlos in Bewegung setzen. Willkommen zu einer Karussellfahrt in extremer Zeitlupe!

Die Fahrt führt an verrosteten Stahltüren und dem Verwaltungsgebäude aus den 1950er Jahren vorbei. Dieses erinnert an jene Zeit, in der die Deutsche Reichsbahn hier noch angehende Eisenbahner ausbildete.

2009 wurde das Areal verkauft. Der Rundlokschuppen soll dennoch stehen bleiben. Ideen für eine neue Nutzung gibt es viele: Von einer Markthalle und einer Großraumdisko war schon die Rede, sogar von einem eigenen Opernhaus für Pankow. Bis es so weit ist, muss man mit dem Großstadt-Sound vom nahen S-Bahnsteig vorliebnehmen.

Vorige Doppelseite: Drehscheibe des später erbauten Ringlokschuppens

Das zerstörte Paradies

Freizeitbad Blub

Es war eine Insel auf der Insel im roten Meer. Ein ideales Nahziel an den Wochenenden oder in den Ferien. Für jene Tage, an denen den West-Berlinern besonders schmerzlich bewusst wurde, dass ihre Freiheit schon am Wannsee endete. Bereits das Havelland oder der Spreewald waren unerreichbar, so dass das kleine Fernweh zwischendurch im Stadtgebiet gestillt werden musste. Auf künstlichen Inseln und unter Topfpalmen. In Grotten und Kanälen aus Beton. Neben Findlingen aus der Schorfheide und Bruchstein aus den Karpaten. Und mit bunten Keramikmustern an Betonsäulen. Auf über 30 000 Quadratmetern Fläche hatten die Architekten des Essener Büros Genheimer und Partner ihr künstliches Paradies geschaffen: das »Berliner Luft- und Badeparadies«, kurz Blub.

Brackig-braune Brühe: Außenbecken des einstigen Badeparadieses

Trockengelegt: Die künstlichen Grotten im Erlebnisbereich

Die letzten Badegäste sind schon längst aus diesem Paradies vertrieben worden. Seit Februar 2005 ist das Bad geschlossen. Und rund zehn Jahre Leerstand reichten aus, um das Paradies zu zerstören. Die einst glänzenden, penibel sauberen Fliesen der Becken sind vollgesprüht und verschmiert. In den leeren Bassins stapeln sich Müll und Trümmer. Der Boden ist mit Scherben übersät – barfuß käme man im Freizeitbad nicht mehr weit. Nur der Geruch von Chlor hängt noch immer in der Luft. Er hat sich in den Holzbalken der Deckenkonstruktion festgesetzt. Eine letzte Erinnerung an die Zeiten, in denen man sich hier sonnte und saunierte, badete und schwamm.

Heute schwimmt nur noch eine Badeliege im Außenbecken. Ein Bild wie aus der Hollywood-Komödie »Hangover«: Katerstimmung am Morgen nach der kollektiven Entgleisung. Doch der Liegestuhl treibt nicht im frisch gechlorten Poolwasser eines amerikanischen Edelresorts, sondern in brackig-brauner Brühe im Neuköllner Ortsteil Britz. Hier würde auch im Zustand fortgeschrittenen Kontrollverlusts niemand mehr freiwillig baden gehen. Das über Jahre aufgestaute Regenwasser mischt sich mit dem vermoderten Laub, das niemand mehr aus dem Becken fischt.

Vorige Doppelseite: Im Eisbecken kann man sich nicht mehr abkühlen

Dabei war das Blub zwanzig Jahre lang eine Berliner Institution in Sachen Sport und Freizeit. 1985 eröffnete es an der Buschkrugallee. 44 Millionen Mark hatte die private Blub Badeparadies GmbH investiert – neun Millionen Mark davon kamen vom Senat in Form eines zinslosen Darlehens. Denn mit dem Blub wurde in der Berliner Bäderlandschaft eine Lücke geschlossen: ein echtes Spaßbad mit Wildwasserkanal und Riesenrutsche, mit Wellenbecken und Solebad, mit Saunagarten und Wasserspielplatz. Noch heute hätte das Blub eine Ausnahmestellung, denn das Angebot an Freizeit- und Vergnügungsbädern in der Hauptstadt ist eher knapp. Zwar sind die öffentlich-rechtlichen Berliner Bäderbetriebe (BBB) mit über sechzig Objekten Europas größter Betreiber von Schwimmbädern, doch bei den meisten handelt es sich um Freibäder oder klassische Schwimmhallen. Unter ihnen befinden sich architektonische Kostbarkeiten wie die historischen Stadtbäder in Neukölln, Charlottenburg oder Mitte, aber auch zahlreiche Badeanstalten, bei denen die Betonung eher auf »Anstalt« liegt. Bäder mit dem Prädikat »freizeitorientiert« indes befinden sich nur vier im Portfolio der BBB. Für eine Millionenstadt ist das eine geringe Anzahl – die allerdings auch den Steuerzahler schont.

Denn dass Freizeitbäder keine Goldgruben sind, mussten auch die Blub-Betreiber schmerzlich erleben. Trotz Disko-Schwimmen mit Lasershow und flotter Werbesprüche wie »Berlin blubst vor Vergnügen« sank die Zahl der Besucher kontinuierlich: von über 600 000 im Eröffnungs-

Gründlich zerstört: Der Saunabereich

jahr auf 330 000 in 2001. Ob es an den Eintrittspreisen lag? Eine zerbrochene Preistafel liegt noch heute am Beckenrand. 8,20 Euro kostete zuletzt das Ticket für anderthalb Stunden – nicht gerade ein Dumpingpreis. Am Ende hatte das Bad aber auch ein Problem mit seinem Image: Jugendgangs erklärten es zu ihrem Revier, so dass ein Sicherheitsdienst engagiert werden musste. 2002 gab es zudem Schwierigkeiten mit der Hygiene: Durch die Öffnungen zwischen Außen- und Innenbecken konnten nicht nur erholungssuchende Badegäste schwimmen, sondern auch die Ratten vom Teltowkanal. Das Gesundheitsamt ließ Teile des Bades schließen. Die Insolvenz und die endgültige Schließung waren dann nur noch eine Frage der Zeit. Einzig die Saunalandschaft wurde noch bis 2013 betrieben.

Orientierungsversuch: Wegweiser am Becken

Seither sind die großen Fensterfronten vernagelt. Nur noch fahles Licht dringt durch die Oberlichter in den drei großen Holzkuppeln. Die Reste der Riesenrutsche liegen verstreut auf dem Gelände, und zwischen Staub und Scherben finden sich Spuren aus verschiedenen Nutzungsperioden: ein vergessenes Taschenbuch und Kosmetikwerbung aus Bädertagen, Sterni-Kronkorken von späteren illegalen Ruinenpartys. Die Partygäste haben auch die Wegweiser umfunktioniert: Sie weisen jetzt nicht mehr nur in Richtung Sonnenliege und Rutsche, sondern auch zu entfernteren Sehnsuchtszielen – Sao Paulo, London, Tokio. In der Sauna-Landschaft haben sich kostenbewusste Heimwerker bedient: Duschen mit vollständigen Armaturen findet man keine mehr. Dafür grünen im Ruhegarten nach wie vor die Palmen und Zitronenbäume – ein beeindruckender Überlebenskampf der Natur.

Wie lange sie noch stehen bleiben dürfen, ist ungewiss. Denn an eine Sanierung von Sauna und Badelandschaft denkt heute wohl niemand mehr. In einer Studie des Bezirks Neukölln ist jetzt von Wohnungsbau die Rede. 500 Familien könnten auf dem Gelände leben. Denn dass eine solche Fläche in guter Wohnlage ungenutzt vor sich hin modert, passt schlecht zur Situation auf dem Berliner Wohnungsmarkt. Die Stadt ist zwar keine Insel mehr, eng wird es trotzdem.

Die gestrandete Schönheit

Ballhaus Riviera in Grünau

Ob sie rauschend war, weiß keiner mehr – aber es war die letzte Ballnacht. Was gespielt wurde, ist unbekannt – aber es war ein Abgesang. Wer anwesend war, ist nicht überliefert – aber es waren Trauergäste. Denn nach dem Ende der Feier, als das letzte Glas geleert und die letzte Zigarette geraucht war, fiel das Ballhaus in einen Dornröschenschlaf.

Der Schlaf dauert an – aber Dornröschen schläft schlecht. Es hat Flecke und Risse bekommen, es kämpft gegen den Verfall und die Zeit. Wind, Wetter und Vandalen beschleunigten die Alterung. Doch es kämpft mit Würde. Denn wahre Schönheit lässt sich nicht zerstören.

Und Schönheit hat der Saal des Ballhaus Riviera im Überfluss. Es ist der Glanz einer längst vergangenen Zeit. Einer Zeit voller Stuck, Schnörkel

Sterbende Schönheit: Der rote Ballsaal

und Zierat. Kunsthistoriker werden vielleicht nörgeln, dass doch alles sehr »neo« sei – Neobarock, Neorenaissance und ein bißchen Neobyzantinik –, eine Orgie des Prunks, inszeniert, um glanzvollen Ereignissen noch mehr Glanz zu verleihen.

Vor dem inneren Auge zieht ein Film auf. Ein Film aus Zeiten, in denen elegante Kavaliere eleganten Damen den Hof machten. In denen Herren in Dreiteilern und mit dicken Zigarren an der Bar Geschäfte besprachen, während mondäne Schönheiten mit perlenbesetzten schmalen Hüten in lasziv inszenierter Langeweile an den Enden langer Zigarettenspitzen sogen.

Alte Bühnenbeleuchtung

In denen die Kapelle swingte und walzerte und Sänger in schmetterndem Bariton proklamierten, dass die Nacht nicht allein zum Schlafen da sei.

Der Film vor dem inneren Auge ist in Schwarzweiß gedreht. Eigentlich schade – denn die ganze Pracht lässt sich so nicht erfassen. Auch die in sattem Rot gestrichene Decke mit den elfenbeinfarbenen Stuckornamenten hätte er nur grau in grau gezeigt. Das opulente Farbspiel kann man bis heute bewundern. Aber der Rausch der Ballnacht ist verflogen. Der Duft exklusiver Parfüms und kunstvoll arrangierter Blumenbouquets ist dem Modergeruch gewichen. Moos wächst zwischen den geschnitzten Geländerbrüstungen. Die großen Rundbogenfenster sind ohne Glas. Und wer heute durch den Saal streift, wirft keinen Tänzerinnen in langen Kleidern verstohlene Blicke hinterher, begutachtet nicht den korrekten Sitz der Anzüge oder die Fingerfertigkeit des Geigers. Wer den Saal heute besucht, blickt besorgt in Richtung Decke, ob sich nicht wieder ein Brocken Stuck löst. Und wer einen energischen Tango aufs Parkett legen würde, müsste damit rechnen, samt dem morschen Tanzboden im Keller zu landen. Der Sturz würde in den Überresten der Küche enden. Nur im Schein der Taschenlampe sieht man noch die gigantischen Herde. Zwischen abgeschabten Wänden öffnen sich die Stahltüren, hinter denen einst die gut gekühlten Vorräte und erlesenen Weine gelagert wurden. Es ist feucht und still, und man braucht viel Phantasie, um sich vorzustellen, wie hier schwitzende Köche an dampfenden Kesseln raffinierte Menüs zauberten, während oben verwöhnte Gaumen auf die erlesenen Genüsse warteten.

Und die wurden dort über Jahrzehnte zubereitet. 1895 wurde das Ausflugslokal eingeweiht, 1898 das benachbarte Gesellschaftshaus mit dem großen Veranstaltungssaal. Ein paar Jahre später kam ein Palmengarten dazu, und Stück für Stück wurden die Räume und Säle im Innern verziert. Es war eine der besseren Adressen, und Musiker rühmten sich, dort gespielt zu haben. In einem abgeschiedenen Nebentrakt richtete sich sogar eine Freimaurerloge ihr eigenes Zimmer ein.

Auch zu DDR-Zeiten war der Saal mit seinem bürgerlichen Ambiente mehr als nur eine normale HO-Gaststätte. In den 1980er Jahren wurde er zur Disko – und so zu einer idealen Adresse, um devisenträchtige Gäste aus dem kapitalistischen Ausland mal so richtig auszuführen. Bei dieser Gelegenheit konnte der Ost-Berliner Gastgeber auch zeigen, dass der Arbeiter- und Bauernstaat selbst in der ihm eigentlich fremden Disziplin »Nachtleben« Weltniveau erreicht hatte.

So viel Luxus konnten sich die Einheimischen freilich nicht jeden Tag leisten. Irgendwo im Dunkel der Gänge liegt noch eine vergilbte Getränkekarte aus diesen Zeiten. Eine mondäne Dame, Typ Friedrichstadt-Palast, wirbt im Pop-Art-Design für Speisen und Getränke. Gereicht wurden sie zu Veranstaltungen, die unter dem Etikett »Jugendtanz« firmierten. Eine Flasche Rotkäppchen-Sekt kostete 18,50 Mark, den ungarischen Weiß-

Glamour à la DDR: Getränkekarte und Nachtbar

wein »Grauer Mönch« gab's für 11 Mark – stolze Preise, gemessen am Lohnniveau der Deutschen Demokratischen Republik. Immerhin: Das Schweinesteak mit Salatgarnitur schlug nur mit 2,85 Mark zu Buche.

Nach der Wende blieb die Küche kalt, und seither regt das Ballhaus weniger die Phantasien der Nachtschwärmer als die der Projektentwickler an. Doch die hatten weniger das historische Gebäude im Blick als die exquisite Lage mit Flussblick, die sich auch für ein Kongresshotel und hochwertige Wohnungen eignen würde. Das Denkmalamt legte sein Veto ein.

Der Saal des Gesellschaftshauses

Riviera wie auch Gesellschaftshaus verfallen seither weiter. Das Bezirksamt Treptow-Köpenick ordnete Ende 2013 Sicherungsmaßnahmen an – notfalls auch gegen den Willen der derzeitigen Eigentümerin. Das Schicksal der einst renommierten Lokalitäten ist inzwischen zum Politikum geworden. Auf Transparenten an ihren Balkonen machen sich einige Anlieger für deren Rettung stark. Und auf Unterschriftenlisten wird die Enteignung der Besitzerin gefordert.

Währenddessen schreitet der Verfall fort. Das Dach wird immer undichter – so es noch vorhanden ist. In der Nachtbar, wo noch vor ein paar Jahren verstaubte Gläser auf der Theke an ausgelassene Abende erinnerten, türmen sich die zerborstenen Balken des eingestürzten Dachs. Im Ballsaal liegt der Stuck in kiloschweren Brocken auf dem morschen Tanzboden. Die Streetart-Künstler, die hier ihre Kunstwerke auf die stockigen Wände sprühten, gingen ein großes Risiko ein. Der einstige Park überwuchert. Nur der Blick auf den Fluss ist immer noch der gleiche. An seinem Ufer liegt der einstige Vergnügungsdampfer. Gestrandet, vergessen – aber noch nicht abgewrackt.

Vorige Doppelseite: In mondänem Lila präsentiert sich die Garderobe

Die Spur der Küchenkommissare

Bärenquell-Brauerei

Die Akten haben alles überdauert: den Mauerfall und die Währungs-
union, die Wiedervereinigung und die Treuhand-Ära. Und auch, nachdem
ein Konzern aus dem Westen die Brauerei am Rande Berlins übernom-
men hatte, blieben die Ordner dort, wo sie schon immer gewesen waren:
im kleinen Betriebsratszimmer im zweiten Obergeschoss. Dort stehen sie
noch heute. Denn als die Brauerei vor zwanzig Jahren geschlossen
wurde, hatte niemand Interesse an den Akten des Betriebsrats.

Feucht und etwas stockig ist das Papier geworden. Beim Blättern macht
sich ein ganz besonderes Gefühl zwischen den Fingern bemerkbar: Man
spürt, dass hier seit Jahren niemand etwas nachgesehen hat. Die Blätter
riechen muffig, Büroklammern und die Bügel der Ordner haben rostrote

Nutzlos gewordene Technik: Reste der Brauerei-Einrichtung

Spuren hinterlassen. Man liest und taucht ein – tief in den Betriebsalltag eines Unternehmens im kleineren deutschen Staat. Denn auch das Banale fand Einzug in die Aktenberge, die die DDR hinterließ.

Da ist zum Beispiel der Ordner der Küchenkommission. Während man sich zwischen Rostock und Plauen fragte, wie das mit dem Überholen ohne einzuholen gemeint war, ging es hier um die handfesten Probleme des Alltags. So gab die Kommission am 2. Juni 1987 gleich mehrere gravierende Kritikpunkte zu Protokoll: Erstens lasse die Freundlichkeit der Köche zu wünschen übrig. Zweitens sei das Essen nach 12.30 Uhr nicht mehr warm genug – trotz Wärmeplatte. Und drittens gebe die Sauberkeit des Bestecks Anlass zur Kritik. Immer-

Verlassen: Die einstigen Lagerräume

hin habe sich die Qualität der Speisen in der letzten Zeit verbessert. All dies wurde verfasst, gelesen und abgezeichnet von sechs Kolleginnen und Kollegen – und ordentlich abgeheftet. Zwischen Hunderten ähnlicher Protokolle. Damit die Tätigkeit der Küchenkommissare für alle Ewigkeiten dokumentiert ist.

Auf diese Weise wurde ein Stück Sozialgeschichte festgehalten, das einen Einblick in den Alltag einer der Brauereien gibt, die einst die Millionenstadt Berlin mit Bier versorgten – dem Grundgetränk der Arbeiterstadt, ausgeschenkt in Tausenden von Eckkneipen, ohne dass es je Kultstatus erreicht hätte. Ein Alltagsgetränk eben, ehrlich und unprätentiös.

Während sich außerhalb Berlins vor allem die berüchtigte Weiße mit Schuss einen Namen machte, ging vor Ort der Trend schon bald zum herben, untergärigen Bier. Das Brauverfahren war aufwendiger, was die Bildung großer Braukonzerne beschleunigte. Einen davon gründete

Vorige Doppelseite: Nur leere Flaschen erinnern an die Marke »Bärenquell«

Max Meinert in den 1880er Jahren in Schöneweide. Für seine Borussia-Brauerei ließ er prachtvolle Backsteinbauten errichten. Doch schon 1898 endete diese Epoche, und die Brauerei in der Schnellerstraße wurde zur Abteilung IV unter dem Dach des Bier-Giganten, der seit 1853 den Berliner Biermarkt aufrollte: Schultheiss. 1955 trennte sich die DDR vom bürgerlich belasteten Namen, Schultheiss wurde fortan Inbegriff der West-Berliner Bierseligkeit. In Schöneweide floss nun ein Bier namens Bärenquell in die Pfandflaschen, und nicht weit davon entfernt füllte die Brennerei Bärensiegel Hochprozentiges ab. Bärenquell und Bärensiegel bildeten die Corporate Identity des ostdeutschen Herrengedecks.

Bis 1989 war die Brauerei Betriebsteil des Getränkekombinats Berlin und stieß 600 000 Hektoliter aus. Nach der Wende braute der Henninger-Konzern bis 1994 an altem Ort und mit bewährtem Namen weiter. Seither führen Bierliebhaber den Namen Bärenquell auf der bundesweiten Liste der verschwundenen Brauereien – zwischen Bärenbräu aus Schwenningen und Balbach Edel-Pils aus Biedenkopf.

Während mit vielen der Biermarken auch die Brauereien verschwanden, wurden die Reste der Bärenquell-Brauerei zum vergessenen Ort im Berliner Osten. In den großen Gärbottichen mischen sich Staub und Tropfwasser. Quadratmeterweise bedecken rostige Kronkorken den Betonboden. Dazwischen Etiketten mit der Aufschrift »Bärenquell – Berliner Pilsner Spezial« – Etiketten, die nie in die Hand eines durstigen Biertrinkers kamen.

Fabrikhof-Romantik

In den Büros biegen sich die Regalbretter unter der Last der Vergangenheit. Ein Stapel Fotokopien ist schon herausgerutscht. Säuberlich zusammengetackert liegen ganze Ausgaben einer Braufachzeitung auf dem feuchten Boden, Seite für Seite vervielfältigt und im Betrieb verteilt. »Brauwelt« heißt das Periodikum – ein Fachmagazin aus der Bundesrepublik. Denn die Entwicklungen im Brauereisektor West waren auch für die Brauerei Ost wichtig. Schließlich wurde ein großer Teil des Ausstoßes in die Bundesrepublik verkauft – flüssiges Gold gegen harte Devisen. Leere Kartons

Bierforschung: Proben von Braugerste und die Überreste des Brauerei-Labors

mit der Aufschrift »Product of the German Democratic Republic« lagern noch in einem Nebenraum. Als Billigbier mit Phantasienamen landete es in den Dosen und Einwegflaschen der Discounter. Vermutlich ahnten nur wenige westliche Trinkhallenstrategen, die mit der Bierbüchse in der Hand über »die da drüben« herzogen, dass sie soeben wieder ein paar Pfennig West in den Osten transferiert hatten.

Heute steht das Begriffspaar Ost/West zwar nicht mehr für den Kampf zweier politischer Systeme, aber ein Wohlstandsgefälle innerhalb unseres Kontinents bezeichnet es noch immer. Das manifestiert sich auch in der alten Brauerei: Hier leben Obdachlose aus Rumänien und Bulgarien. Menschen, die auf der Suche nach einem besseren Leben nach Berlin kamen und dort durch alle Maschen des sozialen Netzes gefallen sind. Menschen, denen selbst das Leben in einer Ruine attraktiver erscheint als die Rückkehr in ihre Heimat. In ehemaligen Büros haben sie sich eingerichtet – ohne sanitäre Einrichtungen und mit Möbeln, die andere als Wohlstandsmüll entsorgt haben. Nach der ehemaligen Eisfabrik in der Köpenicker Straße wurde Anfang 2014 auch die Bärenquell-Brauerei zum Elendsquartier in der Hauptstadt.

Der Rest der Gebäude zerfällt weiter. Pläne, dort einen Baumarkt zu errichten, sind gescheitert. Immer wieder brennt es auf dem Gelände – Folgen illegaler Partys oder schlichter Zerstörungswut. Irgendwann werden auch die Akten der Küchenkommission endgültig verschwinden.

Die Trasse im Niemandsland

Siemensbahn

Nur ein Ring ist geblieben. Ein rostiger Ring, rund fünfzig Zentimeter im Durchmesser. Der Rest der Bahnhofsuhr ist verschwunden – vor allem das, was eine Uhr zur Uhr macht: die Zeiger und das Ziffernblatt. Die Zeit wird diese Uhr nie wieder anzeigen. Aber das stört hier niemanden. Hier ärgert sich niemand mehr über verspätete Züge. Hier spielen Minuten und Sekunden keine Rolle. Hier gibt es keine Fahrpläne mehr. Denn seit knapp dreißig Jahren ist am S-Bahnhof Wernerwerk kein Zug mehr abgefahren. Auch die Haltestellen Siemensstadt und Gartenfeld tauchen in keinem Fahrplan mehr auf. Im September 1980 rumpelten die letz-

Zeitlos: Seit 1980 hat an der Station Siemensstadt kein Zug gehalten

ten Waggons über die Gleise der Siemensbahn im Berliner Nordwesten. Nach 51 Jahren war Schluss.

Es war ein Sterben auf Raten gewesen. Denn die Siemensbahn war ein Relikt aus der Zeit, in der Berlin eine Stadt der Großindustrie war. Siemens & Halske, eines der wichtigsten Unternehmen, verlagerte in den 1920er Jahren sein Hauptwerk an den Stadtrand – fernab des damaligen S-Bahn-Netzes. Dort konnte der Konzern zwar seine Produktionsflächen erweitern, die Arbeiter lebten aber weiterhin in Kreuzberg oder Moabit. Damit die Belegschaft trotzdem pünktlich zur Arbeit kam, griff Siemens tief in die Tasche und baute weitgehend in Eigenregie und größtenteils auf eigene Rechnung die 4,5 Kilometer lange Strecke. Während

Treppe ins Nichts: Der Ausgang ist vermauert

Siemens die Strecke und Bahnhöfe baute, übernahm die Reichsbahn den Betrieb. Dass Konzernchef Carl Friedrich von Siemens Präsident des Verwaltungsrates der Reichsbahn war, kam dem Projekt entgegen. 1929 fuhren die ersten Züge – über eine Strecke, die zu großen Teilen über Werkgelände führte. Und zu einem Viertel, das den Namen Siemensstadt erhielt. Doch nach Krieg und Teilung war alles anders. Siemens verlegte seinen Hauptsitz nach München, und die Bahn verlor an Bedeutung. Wo früher bis zu 17 000 Arbeiter pendelten, stiegen am Ende nur noch ein paar Dutzend Fahrgäste in die gelb-roten Wagen.

Auch politisch passte die Bahn schon lange nicht mehr in die Zeit. Schließlich fuhr die gesamte Berliner S-Bahn unter der Regie der Reichsbahn der DDR. Seit dem Mauerbau galt daher jedes im Westen gekaufte S-Bahn-Ticket als unerwünschter Devisentransfer gen Osten. »Keinen Pfennig mehr für Ulbricht« oder »Jeder West-Berliner S-Bahn-Fahrer bezahlt den Stacheldraht« hießen die Parolen. Die BVG begann, Buslinien als Konkurrenz zur S-Bahn aufzubauen – und grub schließlich neue

U-Bahn-Linien in den Boden und damit der S-Bahn die Kundschaft ab. Parallel zur Siemensbahn entstand die U7. Und als 1980 West-S-Bahner gegen die schlechten Arbeitsbedingungen bei der Ost-Bahngesellschaft streikten, zog die Reichsbahn Konsequenzen: Mehrere Linien verschwanden vom Fahrplan. Eines der Streikopfer war die Siemensbahn.

Seither verrosten die Gleise. Die Brücke über die Spree wurde dem Spreeausbau geopfert. Und dort, wo noch Schienen liegen, erlebt man auf wenigen Quadratmetern eine surreal anmutende Ungleichzeitigkeit. Denn Geisterbahnhof und Geisterbahn liegen nicht in einer Geisterstadt. Nur wenige Meter unter dem toten Gleis der Eisenbahnbrücke, die über den Siemensdamm führt, herrscht dichter Autoverkehr. Im Schatten der Pfeiler werden Fahrräder abgestellt, Gebrauchtwagen angepriesen und Bratwürste verkauft. Das Leben in der Vorstadt tobt. Nur nicht ein paar Meter weiter oben auf dem Bahndamm. Er gehört der Natur.

Aus dem Schotter wachsen Büsche. Zweige ragen weit in die Trasse hinein. Der Begriff Großstadtdschungel bekommt eine ganz eigene Bedeutung. Und mitten im anarchisch wuchernden Gestrüpp trotzt die Ingenieurskunst der Biologie. Die Gleise rosten, die Schwellen faulen – aber ihr Raster stimmt noch exakt mit den Plänen überein, die vor über achtzig Jahren auf dem Reißbrett gezogen wurden. Wer auf der Strecke läuft, schreitet mit gleichförmigem Schritt von Bohle zu Bohle. Als Streckengänger im Niemandsland. Nur in der Nähe eines Wohnblocks wird

Außer Betrieb: Stück für Stück zerfallen die technischen Anlagen

Werbung ohne Kunden: Plakat an der Station Siemensstadt

die Monotonie unterbrochen. Zwischen dem Grün schimmern Flaschen und Dosen, ganze Packen nie ausgetragener Werbezeitungen modern vor sich hin. Daneben liegen Spritzen und aufgequollene Stofftiere. Es sind Relikte, die ganz andere Geschichten erzählen. Geschichten, die man gar nicht näher kennenlernen will.

»Nächster Halt: Siemensstadt« – diese Durchsage hörte schon lange niemand mehr. Stattdessen kündigen bemooste Bahnsteigreste, rostige Lampen und Signale die nächste Station an. Wie eine Tempelruine im Regenwald taucht der nächste Geisterbahnhof aus dem Dickicht auf. Gespenstische Ruhe liegt zwischen den toten Gleisen, aus der Asphaltdecke sprießen Birken. Die Wartehäuschen sind vernagelt, die Abgänge zur Straße hin vermauert. Dahinter ist die Zeit konserviert. Über der Treppe wirbt ein Herrenausstatter mit einem blassen Berliner Bär auf rissigem Grund – ein Relikt aus dem Freilichtmuseum der Reklame. An einer Anschlagtafel hängt ein Streckenplan aus den späten 1970ern. Man steht mitten in einer Zeitblase. Und auch hier hat die Uhr keine Zeiger.

Vorige Doppelseite: Die Natur setzt sich durch, der Bahnsteig überwuchert

Die Toteninsel des Staubes

Futtermittelwerk Rüdersdorf

Wie sieht eine Landschaft aus, aus der jedes Leben verschwunden ist? Wie muss man sich die Welt nach dem letzten großen Krieg der Menschheit vorstellen? Wie könnten die Reste der Zivilisation aussehen, wenn es diese nicht mehr gibt? Wenn sich ein Filmarchitekt diese Welt ausdenken sollte – das Ergebnis würde ungefähr so aussehen wie das ehemalige Futtermittelwerk in Rüdersdorf.

Braun ist das Wasser des Kriensees, begradigt ist das Ufer, und über der Böschung erheben sich die Gerippe der Industrieanlagen. Das stille Wasser schirmt die Ruine hermetisch ab – wie eine Toteninsel, zu der der Reisende auf seinem letzten Weg übersetzen muss. Statt einer Fähre führt eine Brücke auf die Halbinsel. Doch die Brücke ist vergittert, und auch schon vor der Sperre ist das Leben verschwunden. Das letzte Gasthaus am Ufer ist seit Jahrzehnten verlassen, die benachbarten Wohnhäuser ebenfalls. Die an die Fabrik angrenzende Siedlung hat die gleiche Farbe angenommen wie das Werk selber. Es ist eine Landschaft aus verblichenem Graubraun, in der sich das Grün der Bäume und Büsche zaghaft zurückhält. So zaghaft, als ob es seine Anwesenheit rechtfertigen müsste.

Dass die Brücke einst von Tausenden von Menschen am Tag passiert wurde, ist nur schwer vorstellbar. Menschen, die auf dem Rückweg von der Arbeit vielleicht noch einen Schluck im angrenzenden Gasthof einnahmen und dann in die umliegenden Dörfer strömten. Bis Ende 1999 war dies so – bis ein Stück Industriegeschichte endete, die in den 1940er Jahren begonnen hatte.

Dieses Stück Industriegeschichte passte freilich nicht ganz zu dem, wofür Rüdersdorf sonst berühmt war. Denn die Gemeinde östlich von Berlin stand für eines der beiden großen Löcher, aus denen seit dem 18. Jahrhundert die preußische Metropole gewachsen war: Während aus Glindow im Havelland der Ton für die Backsteine der Mietskasernen, Verwaltungsbauten, Schulen und Krankenhäuser kam, wurde in Rüdersdorf Kalk gebrochen – Kalk, der zu repräsentativen Gebäuden verarbeitet

Kathedrale der Agrochemie: Das Werk Rüdersdorf

wurde. Die Quader des Reichstagsgebäudes stammen ebenso aus den Rüdersdorfer Gruben wie die, aus denen der Berliner Dom wuchs. Ende des 19. Jahrhunderts trieb eine andere Entwicklung die Rüdersdorfer Industrie voran: Aus Kalk wurde jetzt Zement. Und spätestens zu DDR-Zeiten wurde Rüdersdorf zu einem der wichtigsten Produzenten für Ost-Zement, den Rohstoff der Plattenbauten.

Die Rüdersdorfer Kalksteinbrüche gibt es bis heute, an ihre Geschichte erinnert ein Freilichtmuseum. Das Stiefkind nebenan verwittert: der Ort, an dem Rüdersdorfer Kalk mit Phosphor vermengt und zu Futterphosphat verarbeitet wurde. Als Betriebsteil des VEB Chemiewerk Coswig, der wiederum ein Kombinatsbetrieb im VEB Kombinat Agrochemie Piesteritz war, stellte das Rüdersdorfer Werk Kunstfutter her. In den Mastbetrieben der Landwirtschaftlichen Produktionsgenossenschaften sorgte es dafür, dass die DDR zum Stolz der Funktionäre Weltniveau beim Pro-Kopf-Fleischverzehr erreichte. Und auch im Westen leistete das Produkt mit dem Namen »Rükana« seinen Beitrag zu schnell wachsenden

Vorige Doppelseite: Staub und Trümmer strahlen Endzeitstimmung aus

Schweinen und billigen Schnitzeln beim Metzger – und besserte nebenher die Devisenbilanz auf.

Geblieben ist davon nur der Staub. Er weht von den Kalkbrüchen über die verlassene Anlage und wirbelt durch die halbzerstörten Silos und Hallen. Jeder Fußabdruck zeichnet sich auf den Betonböden ab. Wer durch die Reste der Rüdersdorfer Fabrik läuft, kann seine Spuren schwer verbergen. Und die Wege sind weitläufig. Sie führen durch leere Hallen, so groß wie Kathedralen. Zu Silos, die wie unübersehbare Landmarken im Gelände stehen. In die endlosen Fluchten leergeräumter Bürogebäude. Es sind einsame Gänge durch ein Monument der Agrarindustrie, ein Denkmal aus Beton. Denn außer Beton ist nichts übrig geblieben. Gebäude, Türme und Treppen wirken wie das Gerippe einer verschwundenen Zivilisation. Jedes Glas ist zerbrochen, jedes Stück Stahl wurde geplündert. Die Fabrik ist ein gigantisches Skelett. Eine bizarre Skulptur, die in den Himmel ragt. Gekrönt von zwei Schornsteinen, die sich nutzlos in die Höhe recken.

Die endlosen Fensterreihen verbreiten Endzeitstimmung. Es ist kein Zufall, dass das Werk zur begehrten Filmkulisse wurde: als kriegszerstörte Stadt in George Clooneys »Monuments Men« etwa. Die Trostlosigkeit der Ruinen verkörpert Lebensfeindlichkeit in ihrer Urform. Ein Ort, von Menschen, aber nicht für Menschen gebaut.

Es ist ein Paradoxon, dass ausgerechnet eine Fabrik,

Der Abriss hat begonnen

deren Produkte das Wachstum von Organismen beschleunigen sollten, diese Stimmung ausstrahlt. Doch schon zu VEB-Zeiten stand das Rüdersdorfer Werk stellvertretend für den Umgang der realsozialistischen Wirtschaft mit der Natur, für einen Staat, der das Beherrschen der Naturgesetze über alles stellte. »Stummfilm für einen Freund« heißt ein Buch von Bernd Knebelmann, das im Rüdersdorfer Futterwerk spielt. Von 1971

Ungesunde Färbung: Wasserbecken neben den Silos

bis 1983 arbeitete der Autor selber als Chemiker in Rüdersdorf – »jener hinter Industrienebel, dreckverkrusteten Fassaden, Schlammbergen und graugefärbten Baumskeletten versteckten Chemiefabrik«, wie es Joachim Walther im Nachwort zum Buch ausdrückt. »Die Sonne, so oft beschworen als Symbol des lichten Fortschritts hin zum Kommunismus, schwamm fahl hinter einer Staubfahne, die flog, wohin der Wind sie blies.«

Die DDR verschwand, der Schmutz blieb. Bis Ende 1999 wurde in Rüdersdorf gearbeitet, auf den schmutzig grauen Böden des Verwaltungsgebäudes liegen noch heute Wiegekarten, auf denen der VEB Chemiewerk Coswig, Betrieb Rüdersdorf als Empfänger für Kalk genannt wird. Ausgefüllt im Mai 1991. Als das Werk dann endgültig schloss, war der erste Umweltskandal nur eine Frage der Zeit. Salpeter-, Salz- und Schwefelsäure lagerten ungeschützt auf dem Gelände, und aus rostigen Fässern sickerte das Öl in den Boden.

In den Kellern unter den nutzlos gewordenen Hallen riecht es bis heute nach Öl. Schmierige Substanzen kleben auf dem Boden. In einem Betonbottich steht Wasser – grellgrün, so natürlich wie Waldmeistergrütze. Eine Farbe, gegen die das Grau des Betons fast schon beruhigend wirkt.

Die Klinik ohne Spuren

Heilstätten Hohenlychen

Die letzten Bewohner haben ganze Arbeit geleistet. Keine Toilettenschüssel blieb zurück. Kein Waschbecken. Und auch dort, wo früher Heizkörper hingen, sieht man nur noch die Farbstreifen an der Wand – Spuren von Malerarbeiten, die nur die Spalten zwischen den Röhren abdeckten. Was in den Räumen und Gängen einst für Hygiene oder Wärme sorgte, tut seinen Dienst jetzt anderswo. Irgendwo in der einstigen Sowjetunion. Dort, wohin die letzten Nutzer sich zurückzogen, als die Rote Armee 1993 das Militärkrankenhaus in Hohenlychen räumte.

Zurück blieb nur die Leere endloser Gänge. Der stockige Geruch unter undichten Dächern. Der vom Regenwasser aufgeworfene Linoleumboden, der bizarre Wellen schlägt. Wellen, die an den Lauf der Geschichte erinnern, die einen in diesen Heilstätten auf Schritt und Tritt verfolgt.

Eine Klinik für den Sport: Hohenlychen

Dabei sind die Heilstätten Hohenlychen keiner der Orte, die ihren festen Platz in den Geschichtsbüchern haben. Sie sind mehr ein Ort der Fußnoten. Und so wie Fußnoten in historischen Aufsätzen oft erhellende Details preisgeben, liefern auch die Geschichten aus Hohenlychen Mosaikstückchen zum Bild des großen Ganzen. In Hohenlychen zeigt es sich in seiner ganzen Grausamkeit.

Dabei hatte alles ganz

harmlos angefangen. 1903 gründete der Arzt Dr. Gotthold Pannwitz in Hohenlychen eine Kinderheilstätte zur Bekämpfung der Tuberkulose. Die Luft war gut, und Platz für Bewegung in der Sonne gab es reichlich. Spenden finanzierten den Bau, und 1911 verschaffte sich sogar Kaiserin Auguste Victoria ein Bild von der Einrichtung, in der die weniger begüterten ihrer Untertanen gepflegt wurden.

Nachdem das Thema Tuberkulose in den 1920er Jahren nicht mehr vordringlich war, verlagerte sich der Schwerpunkt: Hohenlychen wurde zum Zentrum für Sportmedizin und Arbeitsschäden. Damit war der Grundstein für seine Zukunft als Reichssportsanatorium gelegt, und ab 1935 wurden die Heilstätten zu dem Ort, an dem das Deutsche Reich seine Athleten fit für Olympia 1936 und somit für die Illusion der friedlichen Spiele unterm Hakenkreuz machte. Nationaltrainer Otto Nerz schwärmte sogar von einer denkbaren »Hohenlychen Nationalmannschaft«. In Anbetracht der zahlreichen Spitzensportler, die dort ein und aus gingen, würde diese Mannschaft in der Lage sein, alle wichtigen Fußballteams der Welt zu bezwingen, so Merz.

Dieser Ruf lockte auch die oberste NS-Prominenz in die Uckermark.

Aus der ersten Bauphase: Laubengänge verbinden die Klinikgebäude

Trockengelegt: In der Schwimmhalle wurde für Olympia 1936 trainiert

Hier war Hitler zu Gast. Hier kurten Himmler und Heß. Hierher lud man die Repräsentanten befreundeter Staaten zur Sommerfrische ein – dem Bürgermeister von Tokio soll es sehr gefallen haben. Und hier endete auch eine der kuriosesten Geschichten, die sich am Rande der Olympiade von 1936 abspielten. Denn in Hohenlychen wurde 1938 der Hochspringerin Dora Ratjen endgültig attestiert, dass sie in Wirklichkeit ein Mann war. Ihre Goldmedaille musste sie danach abgeben.

Über all das ist Gras gewachsen. Meterhoch. Mühsam bahnt man sich heute seinen Weg durch das weitläufige Areal, vorbei an türmchengekrönten Villen und herrschaftlichen Kurhäusern. Daneben ragen die Bauten der NS-Zeit aus dem Gestrüpp: Statt Giebeln, Erkern und Veranden bestimmt hier strenge Symmetrie das Äußere.

Die Ruhe ist irritierend, surreal wirkt die verglaste Schwimmhalle ohne Wasser. Und man muss es sich in Erinnerung rufen, dass hier auf Leistung gedrillt wurde. Für den Kampf um Sekunden. Für den Beweis, dass die vermeintliche »arische Rasse« auch sportlich überlegen sei.

Wenige Jahre später führte auch in Hohenlychen der Weg vom Rassenwahn direkt zum Mord. Denn ab 1942 machten NS-Ärzte die einstige Heilstätte zum Ort brutaler Menschenversuche. Ziel war es, ein Mittel gegen Wundinfektionen zu finden. Sulfonamid hieß das angebliche Wundermittel, und um dieses zu testen, wurden den Versuchspersonen – Insassen des KZ Ravensbrück – künstliche Wunden zugefügt. Karl

Gebhardt, Leiter der Heilstätten im Rang eines SS-Gruppenführers, ließ die Waden der Häftlinge aufschneiden, Splitter einnähen und Eiter in die Venen spritzen. Sulfonamid erwies sich als unwirksam. Viele der Patienten aber bezahlten die Versuche mit ihrem Leben. Gebhardt wurde am 20. August 1947 im Zuge der Nürnberger Ärzteprozesse wegen Verbrechen gegen die Menschlichkeit zum Tode verurteilt und am 2. Juni 1948 hingerichtet. Mehrere seiner Mitarbeiter erhielten hohe Haftstrafen. Unter ihnen befand sich auch ein Kurt Heißmeyer. Er hatte auf dem Gelände noch eine Kiste mit seinen Forschungsergebnis-

Treppe abwärts

sen vergraben – in der Hoffnung, sie nach dem Krieg für seine Dissertation verwenden zu können. Nachdem diese 1964 ausgegraben wurde, verbrachte Heißmeyer den Rest seines Lebens im Zuchthaus Bautzen.

Die Türen, hinter denen die Ärzte ihre Experimente auswerteten, hängen noch heute in ihren rostigen Angeln. Gespenstisch schlagen sie auf und zu, wenn der Wind durch das weitläufige Treppenhaus mit seinen gewundenen Stiegen fährt. Es knarrt und hallt durch die Gänge, als ob sie alle noch da wären: die Ärzte, die Sportler, die NS-Größen und ihre Verbündeten.

Doch sie hinterließen nichts. Nur von den Sowjets findet man ein paar Spuren. Zwar nahmen diese Waschbecken und Heizkörper mit, ein paar bizarre Erinnerungsstücke blieben aber zurück. Von den Türen der Kinderstation lachen Märchenfiguren oder die Protagonisten einer sowjetischen Zeichentrickserie. Eine Tür weiter grüßt Donald Duck, die Ente des Klassenfeinds. Und in einer engen Dachkammer hat einer der letzten Bewohner seine ganz private Schatzsammlung zurückgelassen: Dutzende winziger Bananenaufkleber. Chiquita, Dole und Onkel Tuca hatten auf abenteuerliche Weise ihren Weg in den Osten gefunden.

Vorige Doppelseite: Die Gründerzeit-Gebäude wachsen langsam zu

Die Geisterstadt im Havelland

Kaserne Krampnitz

Google Earth weiß alles. Der Blick aus dem All zeigt jede Straße, jeden Weg und jede Kreuzung, und bis vor kurzem waren auch die dazugehörigen Namen noch hinterlegt. Von der Lenaustraße ging es rechts in die Bergstraße. In einem spitzen Winkel mündete die Ketziner Straße ein, nach ein paar Metern konnte man in die Fahrländer Straße einbiegen. Und dann gab es da noch den Buchenwaldplatz, die Hannoversche Straße. Dies alles sind Adressen, die auf Briefen standen, auf Glückwunschkarten oder Traueranzeigen, auf Liebesbriefen oder Stromrechnungen, auf Einladungen oder Zeitungen. Doch hier bekommt niemand mehr Post. Seit 1994 nicht mehr.

Denn die Straßen gehören mittlerweile zu einer Geisterstadt.

Leere Platten: Hier lebten die Zivilangestellten

Wie kariöse Zähne ragen vier Wohnblocks in den Himmel. Beste Platte ostdeutscher Bauart. Die Fensterhöhlen sind leer. Ein paar Wäschestangen stehen im Hof, zwischen Disteln liegen die Reste eines Kinderwagens. Der Teer des Fußwegs kämpft gegen den sprießenden Löwenzahn an. Ein zerschmetterter Verstärker hat schon lange keine Musik mehr von sich gegeben. Eine verlassene Siedlung. Ein Ort des Verfalls, an dem einst Hunderte von Menschen lebten. Fast erwartet man, dass im nächsten Moment der letzte Überlebende eines Atomkriegs um die Ecke schleicht. Das sonnige Frühjahrswetter wirkt hier unglaubwürdig. Nur wenige hundert Meter entfernt locken Seen und Buchten die Angler und Ausflügler an. Aber hier? Tschernobyl im Havelland.

Doch es war keine Katastrophe, die die Siedlung zur Geisterstadt werden ließ. Im Gegenteil. Es war das Ende des Kalten Kriegs, das der Kaserne in Krampnitz ihre Daseinsberechtigung raubte. Fünf Jahre nach

NS-Relikte: Saal des Offizierskasinos und entnazifizierter Reichsadler

der Wende verließen die letzten sowjetischen Soldaten das Örtchen bei Potsdam – und beendeten eine Militärgeschichte, die in einer anderen Diktatur begonnen hatte. 1937 bis 1939 wurde die Kaserne nach Plänen von Robert Kisch gebaut. Sie grenzte im Süden an den Truppenübungsplatz Döberitzer Heide an, ein Gelände, das schon die preußischen Könige für Militärübungen genutzt hatten. Während sich in Döberitz die Luftwaffe auf den Zweiten Weltkrieg vorbereitete, entstand in Krampnitz zunächst die Heeres-, Reit- und Fahrschule der Wehrmacht. Doch da der Vernichtungskrieg nicht mit Pferden zu gewinnen war, wurde ab 1943 aus Krampnitz die »Panzertruppenschule II«. Sowjetische Panzer waren es freilich, die 1945 in Krampnitz einrollten, und seit April 1945 nutzten die Sieger das Gelände.

Mit der Architektur der deutschen Faschisten pflegten die Sowjets einen sorglosen Umgang. In den leeren Hallen des Offizierskasinos sprechen wuchtige Kassettendecken noch immer die brutale Rhetorik der NS-Ära. Nur der Reichsadler über dem Kamin wurde nach 1945 durch einige gezielte Meißelschläge leidlich entnazifiziert. Durch die Hallen weht ein Hauch von Reichskanzlei – und wer den Ort in bunt und bewegt erleben will, muss nur ins Kino gehen: »Mein Führer« mit Helge Schneider wurde 2006 hier gedreht, in Ermangelung der echten Reichskanzlei, deren Trümmer die Sowjets 1945 sprengten, um aus den restlichen Brocken das Ehrenmal im Tiergarten zu bauen. Und auch in Quentin Tarantinos »Inglourious Basterds« sorgt das Krampnitzer Kasino für das adäquate Ambiente.

Ein anderer Film »made in Krampnitz« brachte sogar einen Rekord ein: Mit einem Budget von 180 Millionen D-Mark war »Duell – Enemy at the Gates« im Jahre 2000 der bis dahin teuerste Film, der je in Europa gedreht wurde. Eigens dafür entstand auf dem Gelände der ehemaligen NS-Kaserne ein Nachbau des Moskauer Roten Platzes aus Pappmaché. Doch obwohl Oscarpreisträger Jean-Jacques Annaud Regie führte, floppte der Film an den Kinokassen – und die Produzenten mussten über dreißig Millionen Dollar Verlust abschreiben.

Vielleicht war das ja auch nur die späte Rache am Klassenfeind. Denn die künstlerischen Zeugnisse, die die Sowjets in Krampnitz hinterließen, waren bescheidener und mit weitaus geringeren Mitteln zu realisieren. Ein paar Töpfe Farbe reichten aus, um Sport- und Kulturhaus mit großen Wandfresken zu verzieren. Rote Hände mit Hammer und Sichel respektive Hammer und Zirkel schließen sich in »Druschba« zusammen. Die Farbe hält, während der Putz rundum in großen Brocken auf den morschen Holzboden fällt. An der Stirnseite des Saals schließen sich Bauern und Intellektuelle unter Lenins mächtiger Hand zusammen – nur dass im Antlitz des Revolutionsführers schon unschöne grauweiße Flecken prangen. Die Tür mit der zwei Meter hohen Neun des

»Druschba«: Wandmalerei in der Sporthalle

Revolutionsjahrs 1917 steht weit offen. Fahler Sonnenschein fällt herein. Die leuchtende Zukunft des Proletariats?

Für manchen Soldaten aus der Sowjetunion erfüllte sich in Krampnitz vielleicht wirklich ein Traum. In der Straße, die einmal Fahrländer Straße hieß, stehen in Reih und Glied kleine Doppelhäuser. Ein Kachelofen im

Überwachsen: Die ehemaligen Offiziershäuser

Wohnzimmer, kleine Gärtchen, Puppenstubenfenster mit Sprossen und viele, viele Birken – ein Idyll, das an das Klischeebild russischer Dörfer erinnert. Hölzerne Treppen führen in Schlafzimmer, durch die heute der Wind pfeift. In den Hausfluren raschelt das Laub, das von unzähligen Herbststürmen hereingeweht wurde. Auch hier entstand eine Geisterstadt, die man eher in der Umgebung Kiews als Berlins vermuten würde. Aus einem ausgebrannten Dachstuhl wuchern noch mehr Birken.

Inzwischen träumen die Stadtplaner von einem naturnahen Wohngebiet in Großstadtnähe. Über tausend neue Wohnungen sollen etwas Druck vom Immobilienmarkt der Landeshauptstadt Potsdam nehmen – wobei die denkmalgeschützten Gebäude auf dem Areal natürlich erhalten bleiben. Ein Projekt dieser Größenordnung weckt aber Begehrlichkeiten. Und darum wird seit 2010 über die Zukunft des Geländes gestritten. Wurde das Areal zu billig verkauft? Und welcher Projektentwickler darf zur Tat schreiten? Der Landtag setzte eigens einen Untersuchungsausschuss ein.

Wer auch immer dort eines Tages bauen darf: Mit dem Roden des Gestrüpps wurde schon mal begonnen. Bei einer Fläche von 112 Hektar gibt es einiges zu roden – bevor eines Tages das Postauto wieder die Lenaustraße, die Ketziner Straße und die Fahrländer Straße anfährt.

Vorige Doppelseite: Original oder Filmkulisse? Hakenkreuz-Mosaik

Die Vertretung des Diktators

Irakische Botschaft

Die ungebetenen Botschaftsbesucher leisteten ganze Arbeit. Sie stürzten Möbel um und zerstörten Büromaschinen, fledderten Akten und zerfetzten Bücher. Und sie legten Feuer. Rußig sind das Treppenhaus und die Räume der oberen Stockwerke. Über der ganzen Szene liegt der brandige Geruch der Zerstörung. Erinnerungen werden wach – an Bilder, die sich ins kollektive Gedächtnis eingegraben haben: Bilder von der Besetzung der Deutschen Botschaft in Stockholm 1975 oder der US-Botschaft in Teheran 1979. Doch die Irakische Botschaft in Berlin-Pankow wurde nicht von Terroristen verwüstet und nicht von fanatisierten Revolutionären. Nur der gemeine Berliner Vandale war hier am Werk. Das Gebäude in der Tschaikowskistraße wurde so zu einem eindrucksvollen Beleg für die Broken-Windows-Theorie: Eine zerbrochene und nicht mehr ersetzte Fensterscheibe reicht völlig aus, um Vandalismus in Gang zu setzen. Denn dort, wo Zerstörung offenbar niemanden stört, wird weiter zerstört.

Niemandsland: Die Botschaft des Irak

Dabei war die Irakische Botschaft einmal eine der feineren in Ost-Berlin. Denn zum Land des Diktators Saddam Hussein pflegte die DDR eine besondere Beziehung. Immerhin war der Irak das erste nichtsozialistische Land, das die DDR offiziell anerkannte. Vor allem aber verfügte er über Öl – einen Rohstoff, den man im Land der Braunkohle gut gebrauchen konnte. Umgekehrt waren die Iraker an DDR-Rüstungstechnik interessiert. Öl

Überstürzter Aufbruch: Das gesamte Inventar wurde zurückgelassen

und Waffen – zwei Güter, die im Verhältnis des Irak zum Rest der Welt immer wieder eine Rolle spielten.

1969 nahmen der Irak und die DDR die offiziellen Beziehungen auf, fünf Jahre später wurde der Neubau in der Tschaikowskistraße bezogen. Direkte Nachbarn waren die Botschaften von Frankreich, Italien und Australien – allesamt baugleich, Plattenbauten vom Typ IHB. Es waren schlichte Betongebäude im Stil der 1970er Jahre, die dennoch eine dezente Eleganz ausstrahlten. An den großzügigen Balkons lockern terrakottafarbene Fassadenelemente mit geometrischen Strukturen die Strenge des Baukörpers auf. In saniertem Zustand wirkt Typ IHB auch heute noch durchaus repräsentativ. Man sieht es eindrucksvoll an den benachbarten Ex-Botschaftsgebäuden, die inzwischen Büros und Wohnungen beherbergen.

Neben diesen gediegenen Nachbarn ist die Irakische Botschaft zum ungeliebten Schmuddelkind geworden. Der Garten ist überwuchert und der Stacheldraht am Zaun eine leere Drohung. Denn das Tor steht sperrangelweit offen. Müll stapelt sich im Hof und in den Untergeschossen. Wo einst Diplomaten über Visumsanträge entschieden, wird heute ab-

Vorige Doppelseite: Der Stacheldraht hält heute keine Besucher mehr ab

geschoben, was keiner mehr braucht: Autoreifen, ausrangierte Kühlschränke, prall gefüllte Müllsäcke, deren Inhalt man lieber nicht näher kennenlernen möchte.

Doch wenn man genauer hinsieht, entdeckt man trotz der Verwüstung Spuren des einstigen Luxus, Relikte der unaufdringlichen Exklusivität, die das Haus einst auszeichnete. Ein grün-weißes Mosaik ziert das Treppenhaus. Eine großzügige Terrasse bietet einen Blick auf den einst parkähnlichen Garten. Reste des Holzparketts erinnern an elegante Empfänge in den weitläufigen Räumen des Erdgeschosses, üppige Ledersessel an vertrauliche Gespräche hinter schalldicht gepolsterten Türen.

Die letzten dürften hier im Jahre 1991 geführt worden sein. Dann wurde das Gebäude unter dem Druck der deutschen Behörden geräumt: Illegale Waffenlagerungen und die Unterstützung von Terroristen warf man den Botschaftsangehörigen vor. Durch den Einmarsch nach Kuwait hatte sich der Irak ohnehin seinen Platz auf der Liste der Schurkenstaaten gesichert. Die Diplomaten gingen – und kehrten nie wieder zurück.

Mittlerweile war Pankow nämlich als Botschaftssitz denkbar unattraktiv geworden. Ursprünglich war die Nähe zum Schloss Niederschönhau-

Nie abgeschickt: Post von Saddams Diplomaten

sen ausschlaggebend für die Ansiedlung des Botschaftsviertels gewesen. Das ehemalige Hohenzollernschloss war von 1949 bis zum Tod Wilhelm Piecks im Jahre 1960 Sitz des Präsidenten der DDR, danach tagte hier der Staatsrat, und ab 1964 diente es der DDR-Regierung als Gästehaus.

Nach der Deutschen Einheit aber lag das Gebäude fernab vom Geschehen. Die meisten Diplomaten ließen die Möbelwagen kommen und zogen in zentralere Lagen, idealerweise in das reaktivierte historische Diplomatenviertel am Südrand des Tiergartens, wo schon vor dem Zweiten Weltkrieg die meisten Vertretungen ihren Sitz gehabt hatten. In Pankow blieb nur, wer sich einen Umzug nicht leisten konnte: Eritrea zum Beispiel und Kambodscha. Auch die Iraker richteten sich nach ihrer Rückkehr nach Berlin neu ein – und zwar im feinen Dahlem.

Alptraum für Datenschützer: Aktenberge

Zwischen Brandschutt, Staub und Scherben findet man in einem der verwüsteten Büros noch das Angebot einer Speditionsfirma, den Umzug der Botschaft abzuwickeln. Die Firma erhielt nie eine Antwort – der Irak ließ das komplette Inventar einfach zurück. So lebt in der Tschaikowskistraße der Staat des Saddam Hussein bis heute weiter. Zwar gehören das Grundstück und das Gebäude dem Bund, doch hat der Irak angeblich ein unbefristetes Nutzungsrecht. Bis Ende der 1990er Jahre wurde das Haus notdürftig instand gehalten, seither ist es seinem Schicksal überlassen. Über Datenschutz machte sich offenbar niemand Gedanken: In dem offenen Gebäude lagerten lange noch Visumsanträge und Dossiers, bis ein aufmerksamer Anlieger sie sicherstellte. Bis heute sind die abgewetzten Teppichböden bedeckt mit Zahlungsbelegen, Fachbüchern über die sozialistische Wirtschaft und Bergen von Akten, die man nur mit Arabischkenntissen entziffern kann.

Die arabischen Tasten der Schreibmaschinen hingegen haben sich Souvenirjäger unter den Nagel gerissen. Nur die rostigen Gerippe blieben übrig. Spätestens nachdem die Geisterbotschaft bundesweit durch die Medien geisterte, verschwanden auch die Saddam-Porträts, die einst jedes Büro zierten. Manch eines dürfte heute in irgendeiner Wohnung als bizarrer Wandschmuck an einen Pankow-Ausflug erinnern.

Das Riesenrad im Ruhestand

Spreepark

Jedes Zeitalter schafft seine eigenen Ruinen. Und so hat inzwischen auch das Internet seine vergessenen Orte. Wenn man sie besuchen will, muss man nur die richtige Adresse eintippen. Zum Beispiel www.spreepark.de.

Holzschnittartiges Screendesign der späten 1990er Jahre empfängt die Besucher. Überschriften im poppigen Word-Art-Look. Grob aufgelöste Bilder für die Generation Modem. Und weit und breit kein Verweis auf eine Präsenz bei Twitter, Facebook und Co. Im digitalen Nirwana ist die Seite hängengeblieben. Nur ein paar Bemerkungen wurden später noch eingefügt: »So sah der Park in seiner letzten Saison 2001 aus.« Und: »Alle Angaben zu Preisen usw. sind ungültig!!!« Das glaubt man sofort. Denn die Tarife werden in D-Mark angegeben. 29 Mark kostete die Tageskarte.

Trockengelegt: Die Wildwasserbahn im Spreepark

Knallbunt ist die digitale Welt des Spreeparks bis heute. Das reale Pendant zum vergessenen Ort im Internet ist dagegen ausgeblichen. Die einst saftig gelben Plastikboote der Grand-Canyon-Tour liegen zitronig bleich zwischen graubraunem Laub. Verwaschen ist das Blau der Klettergerüste. Und das Rot des Riesenrades hat eine rostige Patina angesetzt. Die ganze Anlage wirkt wie ein vergessenes Riesenspielzeug – irgendwo liegen gelassen und der Witterung ausgesetzt.

Dabei hat jedes der Relikte seine eigene Geschichte. Und diese Geschichten hätte sich kein Autor oder Drehbuchschreiber einfallen lassen können. Sie handeln vom kleinen Alltagsglück am Rande der Hauptstadt und von großen Träumen. Vom Kampf mit Behörden und der peruanischen Unterwelt. Es sind Lebensgeschichten, die tragisch verliefen und bis heute kein glückliches Ende gefunden haben.

Angefangen hatte alles ganz geordnet. 1969 erhielt die DDR ihren ersten und bis zum Ende der Republik einzigen Vergnügungspark. Und da letzterer Begriff doch irgendwie westlich dekadent gewirkt hätte, bekam das Projekt den Namen »Kulturpark Plänterwald«. In der Nähe des Sowjetischen Ehrenmals im Treptower Park war eine ganze Anlage zur

Stillstand seit 2001: Das Riesenrad

Volksbildung und Unterhaltung geplant – Pavillons für Philatelisten waren ebenso vorgesehen wie Vorführstätten in Sachen Wehrkunde. Fertiggestellt wurde aber nur der Rummelplatz, der zum zwanzigjährigen Bestehen der DDR eingeweiht wurde. Während sich im Westen die Europarks und Phantasialänder schon bald mit raffinierten Kunstlandschaften überboten, war das Ost-Pendant schlicht gehalten. Auf einer Asphaltfläche standen Buden und Karussells in Reih und Glied. Haupt-

Bizarre Atmosphäre: Kunststoff-Saurier und Fahrgeschäfte ohne Publikum

Die schwimmenden Schwäne

attraktion schon damals: das Riesenrad.

Wie ein Mahnmal steht das Rad heute mitten zwischen den Ruinen. Umgeben von einem See aus brackigem Wasser. Wer in eine der Gondeln steigen möchte, muss schwimmen, denn die hölzernen Brücken sind zersägt, vermodert oder eingestürzt. Eine Kolonie von Riesenschwänen dümpelt im trüben Nass. Verliebte Paare haben sich schon lange nicht mehr in ihre Plastikleiber gezwängt, um eine romantische Fahrt auf künstlichen Kanälen zu genießen. Dafür kommen immer mehr Besucher, um die Romantik des Verfalls zu erleben. Bis Mitte 2014 werden sogar regelmäßige Führungen angeboten. Zwei Stunden Zeitreise, zwei Stunden Kindheitserinnerungen.

Dabei liegt das Ende des Parks noch gar nicht so lange zurück. Die Geschichte endete erst zwölf Jahre nach dem Mauerfall. Dafür waren diese Jahre umso turbulenter. Und nicht umsonst trägt ein Film über die Spreepark-Historie den Titel »Achterbahn«. Das erste Kapitel begann 1991. Nachdem der VEB Kulturpark Berlin abgewickelt worden war, bekam die Spreepark Berlin GmbH des Hamburger Schaustellers Norbert Witte den Zuschlag. Der investierte Millionen, um den Ost-Park auf West-Niveau zu trimmen. Der Asphalt verschwand, Gärtner spielten ihr ganzes Repertoire aus und legten Teiche, Bäche, Beete und Alleen an, neue Fahrgeschäfte kamen hinzu. Nur mit den Besucherzahlen klappte es nicht so richtig. Ob es an den fehlenden Parkplätzen lag? Die ließen sich

Vorige Doppelseite: Der letzte Fahrgast blieb kopflos zurück

jedenfalls nicht so einfach schaffen, denn das Grün des Plänterwaldes war mittlerweile Landschaftsschutzgebiet. Die Zeitungen füllten sich mit Geschichten über Schulden, Bürgschaften und Parteispenden. Am Ende stand die Insolvenz.

»Aus technischen Gründen geschlossen« steht noch heute auf dem Schild am vergitterten Eingang – eine elegante Umschreibung. Ungehindert weht der Wind durch die zerbrochenen Fenster der Kassenhäuschen. Und auf den noch intakten Scheiben lösen sich die Reste alter Aufkleber ab. Stolz thront dort das Riesenrad, fröhliche Clowns winken dem Publikum zu. Ihre Gesichter sind ausgeblichen und wirken so trostlos wie der ganze Park: Eine Fabrik der guten Laune wurde zum Reich der Depression.

Mit dem Park zerfiel auch eine ganze Familie. 2002 verschiffte Schausteller Witte einen Teil der Fahrgeschäfte nach Peru. Aus dem Inventar des Spreeparks sollte dort der Lunapark werden. Doch auch diese Pläne scheiterten – und Witte packte wieder ein. Allerdings landeten in den

Tasse leer: Auch das Geschirr-Karussell dreht sich nicht mehr

Containern nicht nur zerlegte Attraktionen mit Namen wie »Butterfly« und »Fliegender Teppich«, sondern auch über hundert Kilo Kokain. Norbert Witte spricht von einer Aktion der peruanischen Unterwelt, über deren Kanäle er sich Geld geliehen habe. Das beeindruckte die deutsche Justiz wenig, Witte wurde zu sieben Jahren Haft verurteilt. Seinen

Schlagseite: Wie das Piratenschiff gerieten auch die Park-Bilanzen in Schieflage

Sohn traf es härter – er kam vor ein peruanisches Gericht. Das Urteil: Zwanzig Jahre Gefängnis. In Peru. Dort sitzt er noch heute.

Doch Norbert Witte wollte so schnell nicht aufgeben. Auf kleiner Flamme könne man den Freizeitpark doch wiederbeleben. Doch die Wiederbelebungspläne scheiterten. Denn auf dem Grundstück lasteten Schulden in zweistelliger Millionenhöhe. Also beließ man es dabei, Führungen anzubieten und das Gelände als Filmset zu vermieten. In zahlreichen Krimis und Fernsehspielen stolperten seither die Akteure zwischen Riesenrad und Sauriern umher. Alles dürfe man hier drehen, erklärte Wittes Tochter Sabrina – außer Pornos.

Im März 2014 jedoch endete die Ära Witte endgültig. Der Liegenschaftsfonds Berlin kaufte das Gelände zurück. Was daraus wird? Man will sich Zeit lassen. Die Reste von Wittes Reich werden aber vermutlich verschwinden. Dann bleiben nur noch Erinnerungen. Und grobgepixelte Bilder auf www.spreepark.de.

Vorige Doppelseite: Relikte aus untergegangenen Welten

Der Abschiedsort des Erich Honecker

Militärflugplätze Jüterbog und Sperenberg

»Es kann kaum ein Zufall sein, dass es in keiner Sprache der Welt die Wendung ›schön wie ein Flughafen‹ gibt«, konstatierte der satirische Autor Douglas Adams. Flughäfen sind in aller Regel hässlich. Und trotzdem sind sie Sehnsuchtsorte. Sie stehen für Aufbruch und Fernweh. Und sie stehen für Abschied. Manch ein Flugplatz hat sogar historische Abschiede erlebt.

Der sowjetische Militärflugplatz Sperenberg hat es gleich mit zwei Abschieden in die Geschichtsbücher geschafft. Der erste fand am 14. März 1991 statt: Erich Honecker, kurz zuvor als Generalsekretär des SED-Zentralkomitees noch Herrscher über 16 Millionen DDR-Bürger, startete von Sperenberg aus ins sowjetische Exil. Der Haftbefehl, den die Berliner Staatsanwaltschaft wegen des Schießbefehls an der deutsch-deutschen Grenze gegen ihn erlassen hatte, konnte nicht vollstreckt werden, da die Sowjets ihre Hand schützend über ihn hielten.

Verlassen: Sowjet-Kaserne in Sperenberg

Dreieinhalb Jahre später folgte der zweite, noch größere Abschied: Von Sperenberg aus starteten die letzten in Deutschland stationierten Sowjetsoldaten in Richtung Heimat. Dutzende von Iljuschins und Antonovs hoben ab. Am 1. September 1994 ging auch Matvei Burlakov an Bord. »Lebe wohl, Deutschland!«, rief der letzte Oberkommandierende der Westgruppe der sowjetischen Streitkräfte beim Abflug.

Eingestürzt: Das Sperenberger Kulturhaus

Auf der Piste, auf der die Geschichte der sowjetischen Besatzung Ost-
deutschlands endete, könnte heute nicht mal mehr ein Motorsegler ri-
sikolos starten. Dichte Pflanzenbüschel sprießen zwischen den Beton-
platten, die Hangars sind einsturzgefährdet. Gespenstische Stille statt
Turbinenlärm, einsame Hasen statt Soldaten, vor allem aber Leere und
Einöde – auf das 2400 Hektar große Gelände verirrt sich kaum noch
jemand. TÜV und Dekra nutzen die einstige Start- und Landebahn ge-
legentlich für Crashtests – und verwandeln vor der Ruinenkulisse fahr-
tüchtige Autos zu Schrott. Vergänglichkeit ist zum Markenzeichen des
Ortes geworden.

Abseits der ehemaligen Start- und Landebahn wird das Gras zum Dickicht. Mühevoll kämpft man sich durch das riesige Areal, bis man in
einer Geisterstadt steht. Hier lebten die Soldaten und Zivilangestellten
mit ihren Familien. Die Retortenstadt aus den 1950er Jahren muss schon
lange ohne Bewohner auskommen – vor allem aber ohne Wartung und
Sanierung. Vom Kulturhaus ist nur das Foyer geblieben. Im Saal ist nicht
nur der letzte Vorhang gefallen, sondern gleich die gesamte Dachkon-
struktion. In den Wohnhäusern hängen keine Fenster mehr in den dunk-
len Höhlen. Sie liegen aufgestapelt in Nebenräumen: bereitgestellt zur

Mitnahme in die Sowjetunion – und dann doch liegen gelassen. In den Fliegern war wohl kein Platz mehr. Durch die offenen Wände erobert die Natur die Bauten zurück. Üppige Farne und zarte Birken sprengen Dielen und Treppenstufen. Und vor einer Tür wartet ein vergessenes Kinderfahrrad treu auf seinen einstigen Besitzer, der mittlerweile vielleicht selbst schon Vater ist.

Sperenberg ist nicht die einzige Geisterstadt südlich von Berlin, der ganze Landstrich ist ein gigantisches Freilichtmuseum zum Thema Rüstungswahn. 40 Kilometer von der damaligen Reichshauptstadt entfernt hinterließ schon die Aufrüstungspolitik des NS-Regimes ihre Spuren, und nach 1945 rückte die Rote Armee nach. Die bezog die Kasernen des einstigen Feindes, stellte ein paar Plattenbauten und Hallen aus Fertigelementen daneben und quartierte rund um die Hauptstadt der DDR einen großen Teil der im Bruderland stationierten Soldaten ein. Nachmieter fanden sich keine nach der Deutschen Einheit.

Wünsdorf, Sperenberg, Forst Zinna, Jüterbog – alles Orte mit einer abgeschlossenen militärischen Geschichte. Jüterbog hat wie Sperenberg eine fliegerische Vergangenheit. Sie begann bereits, als der Krieg in großem Stil auch in der Luft ausgetragen wurde: 1916 entstanden die ersten Luftschiffhallen. 1933 wurde Jüterbog zum Fliegerhorst. Da der

Monumental: Die Fliegerschule Jüterbog

Bröselnder Zeitzeuge: Wandbild in Jüterbog

Versailler Vertrag formell noch galt, wählten die NS-Strategen den Tarnbegriff »Waldlager«. Hinter dem, was derart pfadfinderhaft harmlos klang, verbargen sich riesige Bauten für die Fliegertechnische Schule I der Luftflotte.

Die brachiale Architektursprache ist bis heute nicht verstummt. Ein mächtiger halbrunder Zentralbau, wuchtige Leuchten, eine einschüchternde Säulenhalle – hier modert NS-Pomp, wie wir ihn vom Olympiagelände und dem ehemaligen Reichsluftfahrtministerium kennen, in freier Wildbahn vor sich hin. Während das schmutzige Gelb der Ziegelmauern hartnäckig der Zeit trotzt, lösen sich im Innern Putz und Farbe von den Wänden – einschließlich der starr blickenden Rotarmisten, die von den letzten Nutzern aufs Gemäuer gepinselt wurden. Einsam und leer sind die langen Gänge, hier knallten schon lange keine Stiefelschritte mehr. Im großen Hörsaal ist es gespenstisch dunkel. Im Licht der Taschenlampe sieht man dicke Staubschichten auf den endlosen Stuhlreihen. Es ist lange her, dass hier Vorlesungen stattfanden – Vorlesungen, in denen zuerst der Feind im Osten und später dann der im Westen als Teufel dargestellt wurde.

An Jüterbog und Sperenberg dachte lange keiner mehr. Bis 2012 die Ortsnamen wieder die Zeitungen füllten. Vor allem Sperenberg. Gutachter hatten den verwaisten Militärflugplatz bei der Suche nach einem Standort für den geplanten Berliner Großflughafen auf Platz eins gesetzt. Doch die Wahl fiel dann auf Schönefeld. Der Rest des Trauerspiels ist bekannt. Immer wieder wird mal vorgeschlagen, in Sperenberg einen neuen Versuch zu starten. Der neue Terminal in Schönefeld würde dann gleich zur Ruine. Zu einem Flugplatz, der nie ein Ort des Aufbruchs war.

Vorige Doppelseite: In der Sporthalle in Jüterbog trainiert niemand mehr

Die Ruinen an der Autobahn

Raststätte Dreilinden und Avus-Tribüne

Es waren Klänge wie aus einer anderen Welt. Elektronisch erzeugt, glasklar und sphärisch. Es war die klangliche Ästhetisierung eines Verkehrsweges. Und mit »Autobahn« räumte die Gruppe »Kraftwerk« die Assoziationen beiseite, die den einstigen »Straßen des Führers« sonst anhafteten. Der betonierte Streifen wurde zur Metapher für den Wechsel in eine andere Dimension. »Vor uns liegt ein weites Tal, die Sonne scheint, ein Glitzerstrahl / Fahrbahn ist ein graues Band, weiße Streifen, grüner Rand.« Und am Rande des grauen Bandes steht auch das tatsächliche Pendant zum Klassiker der elektronischen Musik. Genauer gesagt, an der A115, kurz vor Berlin. 1972, zwei Jahre, bevor »Autobahn« erstmals auf Vinyl gepresst wurde, entstand nach Plänen von Gerhard Rümmler ein Gebäude, das mehr Skulptur als Zweckbau ist. Mit klaren Formen, gewagt in der Farbgebung und kompromisslos modern, war es der extremste Gegenentwurf zur Buckelquader- und Heimatschutz-Ästhetik der Reichsautobahnen. Es war das Dokument einer endgültigen Demokratisierung der Verkehrsarchitektur.

Der mächtige Schriftzug »Dreilinden« prangt noch heute auf dem himbeereis-

Gestrandetes Ufo: Die Raststätte Dreilinden

farbenen Betonzylinder. Beleuchtet werden die Buchstaben schon lange nicht mehr. Denn seit 2002 steht die Raststätte leer. Selbst vom Schriftzug »Schnellimbiss« sind nur die Schatten geblieben. Es ist ein Gasthaus, das alle Attribute der Gastlichkeit vermissen lässt. Die Rollläden sind geschlossen, die Scheiben blind, die Türen verbarrikadiert. Und dort, wo irgendwann die ersten Scheiben eingeschlagen wurden, halten stabile Bretter und jede Menge NATO-Draht jeden potentiellen Gast ab.

Es war nicht das erste Mal, dass in der Raststätte Dreilinden die Pforten geschlossen wurden. Denn die Geschichte des runden Restaurants ist auch ein Stück der Geschichte der deutschen Teilung. Bis 1989 war dort, am südwestlichen Rand Berlins, der Checkpoint Bravo – Übergang von Ost nach West, Schleuse zwischen DDR und BRD, Markstein an der Grenze zwischen Kommunismus und Kapitalismus. Wer aus Richtung Süd- oder Westdeutschland nach West-Berlin fahren wollte, musste durch das Nadelöhr. Stundenlanges Warten war an der Tagesordnung – und für alle, die sich davor oder danach noch stärken wollten, entstand der gigantische Rasthof. Er war Teil der zwischen 1968 und 1972 errichteten neuen Grenzanlage, die den alten, südwestlich gelegenen Übergang in Albrechts Teerofen ersetzte. Abfertigungsgebäude, ein Brückenhaus über der Autobahn für den Zoll und natürlich auch Tankstellen gehörten zum Ensemble, das in der Ost-Terminologie als GÜSt firmierte – als Grenzübergangsstelle. Im Westen blieb man trotz der opulenten Bauwerke beim Begriff Kontrollpunkt. Schließlich hätte das unerwünschte G-Wort die Existenz der deutsch-deutschen Grenze völkerrechtlich legitimiert.

Diese wurde allerdings etwas durchlässiger, als der neue Rasthof noch nicht einmal eingeweiht war, denn im Sommer 1972 trat das Transitabkommen zwischen den beiden deutschen Staaten in Kraft. Visa wurden jetzt direkt am Fahrzeug ausgestellt, Gepäck wurde nicht mehr kontrolliert, die Wartezeiten verkürzten sich drastisch. Als Folge kamen immer weniger Reisende, die sich im futuristischen Restaurant für eine unfreiwillige Zeitreise stärken wollten – eine Zeitreise über notdürftig hergerichtete Reste der alten Reichsautobahn, die als Transitstrecke in Richtung Helmstedt/Marienborn oder Rudolphstein/Hirschberg fungierten. Schon wenige Monate nach seiner Eröffnung schloss der Rasthof wieder. Nur wenige Gäste hatten sich in die Räume verirrt, deren Kunststoffdesign noch heute mehr an das Interieur aus einem Science-Fiction-Film als an eine Autobahnraststätte erinnert.

Wie ein gestrandetes Ufo ragt der blau-rote Turm seither in den Himmel. Bis 1989 war er noch eine Landmarke, die die Ankunft in der westlichen Insel optisch überbetonte. Gäste kamen trotzdem kaum. Versuche, hier wieder hungrige Reisende zu bedienen, gab es immer wieder – lange hielt aber niemand durch. Inzwischen sind auch die Tankstellen geschlossen. Von der Autobahn abgehängt, rotten sie vor sich hin. Die Uhr zeigt konsequent 18.17 Uhr an – ein verspielter Zeitanzeiger im gelben Kunststoff-Look, der wie die Riesenausgabe eines Kinderweckers wirkt. Den für neunhundert Autos angelegten Parkplatz steuern immerhin noch ein paar Lastwagenfahrer an. Denn das Zollamt ist nach wie vor in Betrieb.

Eine direkte Autobahnabfahrt auf den Parkplatz gibt es nicht mehr. Der Verkehr rauscht vorbei – weiter auf der A115, weiter Richtung Berlin. Und nach rund acht stangengeraden Kilometern taucht die nächste Ruine auf. Grau und verrußt wie ein ausgeglühtes Wrack am Rande der Autobahn ragt die einstige Avus-Tribüne aus den Abgaswolken.

Verschweißt: Die Avus-Tribüneneingänge

»Automobil-Verkehrs- und -Übungsstraße« hieß die 1921 eröffnete Strecke. Sie war die Mutter aller Autobahnen. Gebaut wurde sie für den Rennsport, doch auch ambitionierte Herrenfahrer durften hier die eigenen Fähigkeiten und die Belastbarkeit ihrer Fahrzeuge auf die Probe stellen – gegen Gebühr, versteht sich. Doch Gebühren für die Nutzung der Avus sind heute kein Thema mehr, und auch mit dem einstigen Mythos Geschwindigkeit ist es nicht mehr weit her: Wo Rennfahrer wie Hermann Lang schon in den 1930er Jahren einen Schnitt von rund 260 km/h erzielten, gilt heute Tempo achtzig.

Abgestellt: Die leere Tribüne am Rande der Autobahn

Gerast werden durfte noch bis in die 1990er Jahre – aber nur dann, wenn die Strecke für die hauptberuflichen Raser abgesperrt wurde. Vom einstigen Ruhm der seinerzeit schnellsten Rennstrecke der Welt war aber schon damals wenig zu spüren: Geblieben sind nur die 1936 gebaute Tribüne und der Rundbau der Rennverwaltung, der heute als Motel sein Dasein fristet. Die imposanten Steilkurven verschwanden schon in den 1960er Jahren, und die Formel 1 war längst zu anderen Strecken weitergezogen. Nur für Rennen mit Tourenwagen und Nachwuchs-Formelwagen war die Avus noch gut. 1998 wurde hier zum letzten Mal um Sekunden gekämpft – seither misst nur noch die Polizei die Geschwindigkeit.

Die zwanzig Eingangstore zur Tribüne sind verschweißt. Am Rande der Tribüne halten Rollen an Nato-Draht ungebetene Besucher fern. Zu sehen bekämen die sowieso nur wenig Spektakuläres. Statt Silberpfeilen teilen sich Golfs, Astras und Lieferwagen die Spuren. Im Feierabendverkehr herrscht auch mal Stillstand auf der einstigen Rennpiste. Gemächlich fließt der Verkehr auf der A115 aus Berlin hinaus. In Richtung Beelitz.

Gäste unerwünscht: Pop-Architektur hinter Stacheldraht

Bildnachweis

Stefan Beste: 9, 16, 22/23, 39, 42

Babett Köhler: 30, 36/37, 38, 40/41, 58, 76 (o.), 76 (u.), 77, 80, 81 (l.), 84

Adrian Specht: 8 (r.), 13 (o.), 13 (u.), 15, 27, 28/29, 31, 33, 35 (r.), 47 (l.), 47 (r.), 57, 59 (r.), 62 (o.), 64 (r.), 85, 93, 94

Alle anderen Fotos: Arno Specht